非正常事件下高速列车延误控制优化理论与方法

许心越 主编

人民交通出版社股份有限公司
北 京

内 容 提 要

本书从列车晚点致因和时空特性角度对高速列车晚点规律进行了详细分析；分别建立了基于 BO-XGBoost 算法和考虑非正常事件特征的高速列车到达晚点预测方法，对不同晚点致因下的列车到达晚点进行了精准预测；从"点-线-面"的角度，详细描述了车站、区间、线网能力计算以及路网能力瓶颈辨识方法；面向不同非正常事件场景，详细阐述了不同晚点场景下列车运行调整策略的应用和列车运行径路与运行图调整一体化优化方法。

本书可为铁路运输行业人员提供参考，也可作为铁路运输相关专业的本科或研究生教材使用。

图书在版编目(CIP)数据

非正常事件下高速列车延误控制优化理论与方法／许心越主编. — 北京：人民交通出版社股份有限公司，2021.7

ISBN 978-7-114-17358-5

Ⅰ.①非… Ⅱ.①许… Ⅲ.①高速列车—延误—技术管理—研究 Ⅳ.①U238.7

中国版本图书馆 CIP 数据核字(2021)第 131626 号

书　　名：	非正常事件下高速列车延误控制优化理论与方法
著 作 者：	许心越
责任编辑：	钱　堃
责任校对：	孙国靖　魏佳宁
责任印制：	张　凯
出版发行：	人民交通出版社股份有限公司
地　　址：	(100011)北京市朝阳区安定门外外馆斜街 3 号
网　　址：	http://www.ccpcl.com.cn
销售电话：	(010)59757973
总 经 销：	人民交通出版社股份有限公司发行部
经　　销：	各地新华书店
印　　刷：	北京虎彩文化传播有限公司
开　　本：	720×960　1/16
印　　张：	10
字　　数：	176 千
版　　次：	2021 年 7 月　第 1 版
印　　次：	2021 年 7 月　第 1 次印刷
书　　号：	ISBN 978-7-114-17358-5
定　　价：	59.00 元

(有印刷、装订质量问题的图书由本公司负责调换)

本书编写组

主　编：许心越

副主编：李建民　王铭铭

编　委：廖正文　石　睿　刘梦雨

　　　　　丁　忻　李燕秋

前 言

我国高速铁路系统已迈入了网络化运营阶段。因具有安全性高、运行速度快、开行密度高和运量大等优势,高速铁路系统受到了广大旅客的青睐。然而,列车在运行过程中不可避免地受到大量随机性因素的干扰而引发列车晚点,给高速列车的行车组织、运输服务质量提升和运营安全带来了很大挑战。面对各种非正常事件的随机扰动等情况,如何精准分析列车晚点规律、合理地配置运力资源、实现高速铁路运营和服务质量的提升是当前铁路运输领域迫切需要解决的难题。

面对这些挑战性问题,本书系统总结了国内外高速铁路运输组织方式的共性和差异,提出以数据驱动、晚点规律分析、路网能力动态评估和列车运行实时调整为核心的面向非正常事件的复杂高速铁路系统列车延误控制优化技术路线,形成了基于数据驱动的非正常事件下高速列车延误控制优化理论框架。该研究深化和丰富了铁路运输组织理论,可以为铁路运输组织实现从"局部优化"向"全局优化"、从"粗放型"向"精细型"、从"经验型"向"智能型"的转变提供有效的理论支撑。

本书作者及其科研团队就非正常事件下高速列车延误控制优化理论及技术展开了持续深入的研究工作,并得到了国家重点研发计划"高速铁路成网条件下铁路综合效能与服务水平提升技术"项目"铁路网运营综合保障技术"课题(2018YFB1201403)、北京交通大学轨道交通控制与安全国家重点实验室的资助,取得了大量科研成果,形成了一套非正常事件下高速列车延误控制优化理论体系。本书以高速铁路运输组织理论为依托,注重基础理论与实践的结合,全书内容共分为6章，安排如下：

第1章对非正常事件下高速列车延误控制优化理论的研究背景、理论框架及国内外研究现状进行了阐述。第2章对高速列车晚点致因、晚点类型、列车晚点时空规律和传播机理进行了系统分析。第3章和第4章针对不同晚点场景的高速列车到达晚点预测方法和预测性能评价进行了详细介绍。第5章对面向非正常事件的"点-线-面"能力评估方法、路网能力瓶颈辨识方法以及实例验证进行了系统介绍。第6章对基于数据驱动的非正常事件下列车调度优化方法进行了描述。

本书在编写过程中，参考了国内外相关专著、研究报告和文献，在此谨向有关作者表示诚挚的感谢！

限于作者水平，书中存在的疏漏和不足之处在所难免，恳请读者和同行批评指正。

许心越

2021年5月

目　　录

第1章　非正常事件下高速列车延误控制优化理论 ……………… 1
- 1.1　高速铁路发展与运营现状 ……………………………… 1
- 1.2　非正常事件下高速列车延误控制优化理论框架 ………… 2
- 1.3　国内外研究现状 ………………………………………… 4
- 1.4　小结 …………………………………………………… 10

第2章　高速列车晚点规律分析 …………………………………… 11
- 2.1　列车晚点致因及晚点类型 ……………………………… 11
- 2.2　原始数据描述及预处理 ………………………………… 15
- 2.3　高速列车到发晚点规律统计分析 ……………………… 19
- 2.4　高速铁路非正常事件影响规律分析 …………………… 29
- 2.5　小结 …………………………………………………… 42

第3章　基于BO-XGBoost算法的高速列车到达晚点预测方法 … 43
- 3.1　晚点预测场景描述 ……………………………………… 43
- 3.2　晚点预测算法介绍 ……………………………………… 44
- 3.3　多属性数据特征集预处理 ……………………………… 49
- 3.4　基于BO-XGBoost算法的高速列车到达晚点预测模型的建立 … 53
- 3.5　案例结果分析 …………………………………………… 57
- 3.6　小结 …………………………………………………… 71

第4章　考虑非正常事件特征的高速列车到达晚点预测方法 …… 73
- 4.1　考虑非正常事件特征的晚点问题描述 ………………… 73
- 4.2　基于Stacking的集成学习模式概述 …………………… 73
- 4.3　考虑非正常事件的晚点预测特征集构建 ……………… 75
- 4.4　基于Stacking的非正常事件-列车到达晚点预测模型 … 77
- 4.5　算例分析 ………………………………………………… 78

4.6 小结 ··· 82

第5章 非正常事件下路网能力评估方法 ······················· 84
5.1 非正常事件下路网能力评估方法框架 ························ 84
5.2 非正常事件下车站能力计算方法 ······························ 85
5.3 考虑多种资源约束的铁路运输能力计算方法 ··············· 100
5.4 基于谱聚类算法的非正常事件下路网能力瓶颈辨识方法 ··· 110
5.5 基于事件-活动网络的能力保持方法研究 ···················· 114
5.6 小结 ··· 118

第6章 基于数据驱动的非正常事件下列车调度优化方法 ··· 120
6.1 基于遗传进化粒子群算法的列车运行调整 ·················· 120
6.2 列车运行径路与运行图调整一体化优化 ···················· 130
6.3 小结 ··· 141

附录 ·· 143

参考文献 ·· 144

第 1 章　非正常事件下高速列车延误控制优化理论

1.1　高速铁路发展与运营现状

随着"四纵四横"高速铁路网的建成,我国高速铁路实现了从单条线路到庞大交通网络系统的演化。目前,以"八纵八横"主通道为骨架,以不同速度等级的区域连接线为衔接,以城际铁路作为补充的高速铁路网正在快速建设,标志着我国高速铁路迈入了网络化运营时代。高速铁路的大规模建设,在缓解我国铁路运输能力紧张状况、提升路网规模与质量、提高运输服务水平等方面均取得了显著效果。尤其是近 10 年来,在国家政策的正确引导和地方政府的积极推动下,我国已在长三角、珠三角、环渤海等地区城市群建成高密度高速铁路网,在东部、中部、西部和东北四大板块区域之间实现高速铁路互联互通。高速铁路的迅速发展对我国经济的快速发展和国际社会地位的提升有着不可替代的作用。

高速铁路具有安全性高、运行速度快、开行密度高和运量大等优势,受到了广大旅客的青睐。近年来,随着社会的快速发展和人民生活质量的不断提高,人们对高速铁路运输的可靠性和准时性提出了更高的要求。然而,高速列车在运行过程中不可避免地会受到大量随机性因素的干扰而晚点,尤其对于高速列车开行密度较大的区段,高速列车的晚点极有可能扰乱相邻列车既定的运行计划,严重的晚点甚至诱发路网大面积列车晚点,导致运量与运能失衡,给高速列车的行车组织和运输服务质量带来极大的负面影响。例如,2011 年 7 月 23 日,发生在我国高速铁路甬温线上的特别重大铁路交通事故,由于列车信号设备出现故障同时后续风险应急处置不力造成 40 人死亡,172 人受伤。2013 年 3 月 2 日,日本秋田新干线的高速列车"小町 25 号"由于大雪造成列车脱轨并使全线列车停止运营。2017 年 12 月 11 日日本东海道山阳新干线高速列车"希望 34 号"在高速行驶中车辆转向架出现裂痕并导致齿轮箱漏油、车轮关节烧焦变黑,被认定为新干线重大隐患事故。这些高速铁路运营事故主要由人、设备、环境等因素导致,如人员侵限、异物入侵、设施设备故障以及恶劣天气等。

目前,对这些非正常事件的特征(如不确定性、种类等)和其复杂传播特性,以及影响后果估算、评估及控制的研究并不完善,已经无法满足我国高速铁路的运营安全需求。为有效应对非正常事件对行车组织和运营计划的影响,降低因非正常事件过于严重引发运营安全的风险,迫切需要建立全新的面向非正常事件的高速铁路晚点分析和动态调控理论,挖掘高速铁路列车晚点现状,掌握晚点分布规律和不同非正常事件的影响程度,构建面向复杂多场景的高精度列车晚点预测模型,建立面向非正常事件的"点-线-面"能力评估方法,形成基于数据驱动的列车调度优化理论,实现非正常事件下列车晚点准确预测、路网能力精准估计、列车运行动态调整,提升高速铁路晚点分析和调控的能力,促进我国高速铁路的健康可持续发展。

1.2 非正常事件下高速列车延误控制优化理论框架

本书针对高速铁路成网运营条件下列车延误传播机理复杂、能力变化规律未知、列车运行实时调整困难等难题,研究了面向非正常事件的高速列车晚点预测、路网能力评估和列车调度优化方法,提出了基于数据驱动的非正常事件下高速列车延误控制优化理论框架,如图 1-1 所示。该理论框架主要包括三个层次:列车晚点分析与预测层、路网能力评估层、列车调度优化层,具体内容如下。

(1) 列车晚点分析与预测层。基于海量高速列车实绩运行数据,深入挖掘列车晚点时空分布规律,详细分析了列车晚点致因、晚点类型、晚点传播机理和吸收机理。进一步构建了基于数据驱动的高速铁路列车到达晚点方法和针对非正常事件致因的晚点预测模型,对列车到达晚点情况进行预测。具体包括两方面内容:

①提出了 XGBoost 算法与贝叶斯优化算法相结合的列车晚点预测模型,解决了以往预测方法泛化性能差、超参数优化效率低的弊端。从时间、空间、基础设施等多角度提取了可能影响列车到达晚点时长的特征因素,设计了基于随机森林算法最优特征数据集的构建方法,实现了对列车在下一站到达晚点的高精度预测,丰富了既有的晚点预测方法与理论。

②针对不同非正常事件导致的复杂晚点场景,在充分利用现有数据的基础上,首次提出了考虑非正常事件特征的多模型融合 Stacking 集成学习模式的列车到达晚点预测模型,模型能很好地学习列车到达晚点与不同非正常事件特征

之间的联系，进一步提升了对已知晚点致因的列车到达晚点预测精度，验证了所提 Stacking 模型对复杂多场景下晚点预测的适用性。

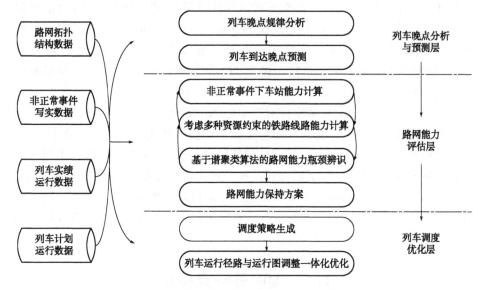

图 1-1　非正常事件下高速列车延误控制优化理论框架图

(2) 路网能力评估层。针对非正常事件延误特性和延误传播规律，提出了面向非正常事件的高速铁路路网能力评估框架。首次从"点-线-面"的角度，考虑非正常事件动态不确定影响特征，结合铁路车站、区间和路网能力计算建模方法，全新构建出适用于非正常事件下的集高速铁路线网能力计算、瓶颈辨识和能力保持为一体的理论框架，解决了非正常事件下延误传播机理复杂、能力变化规律未知的难题，实现了路网能力的精准估计，可为高速铁路运营管理提供决策支持。

具体地，将与活动设备相关的动车组数量等因素考虑在内，突破了既有"通过能力"只考虑固定设备的研究范畴，实现了面向非正常事件的考虑区间、车站到发线与动车组等多种资源约束下的区间能力计算；进一步，形成了非正常事件下车站咽喉区和到发线运用一体化能力计算方法，解决了非正常事件影响不确定性强、车站咽喉区和到发线运用能力计算不统一的难题。此外，结合非正常事件下车站和线路能力的变化过程，提出了基于谱聚类算法的非正常事件下路网能力瓶颈辨识方法，解决了客流起止点不确定性情况下的铁路线网能力瓶颈辨识难题，形成了基于高速铁路网物理拓扑结构的非正常事件下路网能力瓶颈辨识方法。最后，以车站和区间能力为约束条件，构建了路网能力保持模型，进而得到路网能力保持方案,计算出了路网通过能力。

(3) 列车调度优化层。从非正常事件对高速列车运营造成的影响出发,详细阐述了列车运行中出现故障、列车在区间被迫停车、道岔故障、站内轨道电路故障(红光带)等常见场景下的高速列车运行调整策略。进一步,建立了基于事件-活动图的列车运行调整模型和基于粒子群算法的列车运行调整算法,并以京沪高速铁路(北京南—济南西)为实例验证了所构建的模型和算法的有效性。

其次,为有效应对非正常事件对行车组织的影响,尽快恢复运输秩序,本书对非正常事件下高速列车运行径路与运行图调整一体化优化问题展开了研究。通过分析非正常事件下列车运行调整的实际场景,构建了非正常事件下列车运行径路调整数学优化模型,求解得到最优的列车运行径路调整方案及对应的调整后列车运行图。分析探讨了采用调整列车运行径路和缩短列车运行径路策略对旅客出行和线路通过能力的影响。该策略可以为非正常事件下的列车运行调整提供决策支持。

1.3 国内外研究现状

1.3.1 晚点分析与预测方法

在晚点分析与预测方法研究方面,铁路领域专家学者从不同角度进行了不同程度的研究,不少国家已经发展出了较为成熟的晚点预测方法。总体而言,晚点预测方法主要分为三大类:一是基于传统数学模型,如通过分布模型、活动图、图论、排队论、传染病模型等方法识别晚点的传播模式,以此完成对列车在车站的实际到发时间范围的估计;二是通过仿真方法模拟列车运行过程,研究晚点传播的规律,推导出所研究列车的可能到发时间;三是建立数据驱动模型,通过数据挖掘和机器学习算法自动学习所选特征与列车晚点之间的关系,实现对列车晚点时间的预测。

基于传统数学模型研究晚点预测方面,Meester 等[1]认为初始晚点和其所引起的连带晚点之间服从相位分布(Phase-Type Distribution),可以根据初始晚点的分布推导出连带晚点的分布,进而实现对连带晚点的预测,然而该模型的前提假设为初始晚点与连带晚点之间相互独立,因此该模型无法应用于繁忙干线。Bueker 等[2]通过活动图演示了晚点的传播过程,结合累积分布函数实现对列车到达晚点时长的估计。Kecman[3]提出了一种基于动态弧权重的事件时间图微观模型来实现对列车运行时间的预测,然而模型的抗噪声能力和预测的稳定性需要进一步提升。Milinkovic[4]使用模糊Petri网实现了对列车的晚点预测,模型考虑了层次结构、颜色、时间和模糊推理等特征来模拟列车的运行,并对5类不同时长等级的晚点时间进行了分别预测,然而模型并没有考虑晚点的致因。彭其渊[5]采用图论的方法实现了在给定晚点条件下的列车晚点程度和晚点传播范围的计算。孙焰[6]给出了晚点概率与冗余时间之间的影响关系,提出了不同运行图下相应的列车晚点概率计算方法。殷勇[7]将传染病模型应用于晚点传播模型的构建,对突发事件发生后的晚点程度进行了预测。虽然使用传统数学模型进行晚点预测的研究起步较早,但其数学模型普遍存在泛化性较差的局限性,往往只使用于特定场景;另外,铁路运营系统内外界因素的干扰具有随机性,列车间的关系和晚点的传播是实时的、动态的,多数传统数学模型不具备实时性和动态性。

在使用仿真方法进行晚点预测方面,杨肇夏等[8]研发了列车晚点传播模拟系统,实现了单条列车运行线路和列车运行图动态性能指标的计算,该系统可以输出列车晚点时间、恢复正点概率和连带晚点概率等指标。张星臣[9]在制定了列车运行调整原则和模式的前提下,通过高速铁路仿真试验系统对高中速列车混跑的晚点影响进行了分析论证。周华亮等[10]采用NaSch模型建立了模拟准移动闭塞系统的元胞自动机模型,对准移动闭塞系统的列车晚点传播进行了仿真,分析了发车间隔时间和初始晚点时间对晚点传播的影响。文超[11]通过对列车运行冲突产生机理的研究,开发了运行-干扰-缓冲时间-冲突仿真程序,对列车在随机干扰和缓冲时间共同影响下的晚点时间进行了预测。Keiji等[12]建立了考虑列车间相互作用的列车晚点传播仿真模型,仿真模型中还包括了各车站的旅客乘降模型,研究了列车停站时间、运行间隔等因素对晚点恢复的影响,实现了列车到达晚点时间的估计。

近年来,人工智能、机器学习的兴起和铁路信息化水平的提高[13],为建立基于数据驱动的列车晚点预测模型提供了理论支撑和数据支持。基于数据驱动的机器学习模型因能弥补传统数学模型泛化性差、预测自动化程度低的不足,而成为铁路晚点领域的研究热点。人工神经网络(Artificial Neural Network,ANN)和K-近邻(K-Nearest Neighbor,KNN)[14-16]是数据驱动模型晚点预测领域最初常用的方法,然而当数据量较大时,模型的训练需要耗费较长的时间,预测的精度相对较低。Markovic等[17]使用支持向量回归(Support Vector Regression,SVR)建立了旅客列车到达晚点预测模型,将列车类型、计划到站时间、旅程完成百分比和基于专家打分的基础设施评级等因素作为预测模型的输入变量,通过塞尔维亚铁路实绩数据对模型的预测能力进行了验证,结果表明SVR算法的预测性能优于ANN算法,同时指出基础设施评级特征对于列车的晚点预测至关重要。然而,SVR模型目前被证明只适合解决小样本量的回归问题[18]。Corman等人[19]将列车晚点随时间的变化模拟为一个随机过程,并提出了基于贝叶斯网络的列车晚点实时预测方法,结果表明该方法对于30min内的列车晚点预测效果较好。Oneto等人[20]建立了基于深度极限学习机(Deep Extreme Learning Machine,DELM)的面向大规模路网的动态晚点预测模型,并通过意大利的列车运行实绩数据验证了模型良好的预测性能,然而该模型需要建立在复杂和先进的存储技术和设备基础之上,不具备推广性。Shi等[21]建立了基于梯度提升树(Gradient Boosting Decision Tree,GBDT)算法的高速列车到达晚点预测模型,通过数据分析得出晚点列车区间运行时长、列车旅程完成百分比、列车图定到达时间等模型输入特征之间的相关性较低的结论,指出预测模型的输入特征之间相关性越低,模型预测效率越高。Nabian[22]建立了一个双层随机森林(Random Forest,RF)模型,模型的第一层判断晚点是否会增加,第二层预测晚点时间的具体数值,荷兰的案例研究表明该模型具有运行速度快和预测精度高的优点。此外,相较于单一模型,集成模型的稳定性更强。因此,Nair等[23]提出了一个由RF算法、核回归和中观仿真系统线性集成的列车晚点预测模型,并在德国铁路数据集上进行了验证,模型的整体预测性能良好,但针对非正常事件引起的"大晚点"预测精度较差。Huang[24]提出了一个基于全连接神经网络(Fully Connected Neural Network,FCNN)和长短期记忆人工神经网络(Long Short-Term Memory,LSTM)相结合的列车到达晚点预测混合模型,结果显示集成模型的精度高于单一模型。

1.3.2 铁路能力评估方法

如今铁路正在快速发展,然而铁路运输能力仍然面临难以满足社会运输需求增长的问题。铁路运输日益增长的需求给铁路运营管理这一极其复杂的任务提出了新的挑战。如何更合理地利用铁路基础设施设备、优化列车运行组织、调整列车运行图以达到铁路运输能力的提升,为乘客提供更优质的客运服务和降低运营者的运营成本,成为铁路运营管理的关键目标。铁路能力评估方法随着铁路的发展历程在不断丰富。分析方法、优化方法和仿真方法是当前铁路能力计算和评估的三类主要方法。

分析方法是基于简单的数学模型或代数方法来模拟铁路系统、评估铁路能力的方法。Burdett and Kozan[25]提出了几种能力分析方法来确定铁路线路和网络的绝对能力,考虑了铁路的许多因素,比如列车的混合、信号机位置或处理时间。Goverde 等[26]比较了荷兰 NS'54/ATB 和 ETCS Level 2 信号系统对能力的影响,并提出了一种在扰动条件下基于 UIC406 的基础设施能力评估方法。Ortega Riejos 等[27]考虑了乘客出行的 OD(起止点)矩阵,将线路定义为二进制字符串,并在其上进行分析,从而得到一个有效的算法来生成最优设计,得到列车发车频率等信息。Gašpařík 等人[28]提出了一个改进的图形化方法来分析铁路基础设施能力,该方法考虑了乘客需求多样性所引起的列车路径多样性等特点。Lindner[29]对 UIC406 方法评估能力的适用性进行了充分探讨,指出 UIC406 方法存在的问题;其次 Linder 认为在时刻表中添加更多的列车径路是不能接受的;此外,Linder 还得出了一个重要的结论是:在 UIC406 方法中应该补充车站通过能力计算,因为在实际操作中车站通过能力往往是铁路能力的瓶颈。Bevrani 等人[30]应用分析模型研究伊朗国家铁路的绝对能力,并在各种技术条件下提升铁路能力。刘敏[31]在列车顺序固定的情况下利用 UIC 压缩运行图法、加密法和局部进路择优法计算车站通过能力。Hansen[32]利用排队论和最大代数方法评估车站通过能力和列车运行稳定性。

优化方法是另一类评估铁路系统能力的方法。Zhang and Nie[33]提出了一种以最小化周期运行图的周期时间为目标的优化模型,进而得到周期运行图的线路能力。Ursani 等[34]开发了计算铁路能力的最小时间间隔矩阵模型,直接从给定的列车序列中生成紧凑的时刻表,进一步研究了扰动对调度和生成时刻表的影响。Petering 等[35]基于周期运行图,提出了一个混合整数规划模型,并采用预处理技术以减少变量和约束数量,进而得到周期运行图能力。Heydar 等[36]提出了一个混合整数规划模型,主要对拥有两种列车类型的单线铁路的周期时间进行了优化,考虑了列车停站时间和安全间隔时间等因素。Weik and Nießen[37]研究了在铁路能力长期扰动因素影响下的能力变化情况,并提出了一个优化方法对铁路能力和可靠性进行分析。Reinhardt 等[38]提出了一种在不同假设条件下,利用未来需求预测分析路网能力的工具,将时刻表和能力分析相结合来评估铁路能力和识别能力瓶颈。Navarrod 等[39]提出了模糊最大能力和模糊能力利用率两种新的能力度量方法,将列车停站时间建模为模糊数,构建了模糊能力模型,求解得到在给定能力占用率值下最大通过能力;Hamed Pouryousef[40]以基于时刻表和不依赖时刻表的两类仿真方法计算了车站通过能力;Peter S[41]考虑了列车作业进路冲突,安排列车可行到发线以确定给定时刻表下的车站通过能力;Dan Mark[42]提出了先确定列车到发顺序,再疏解列车作业进路的双层车站能力计算模型。Li Xiaojuan[43]基于分区时间法,提出了车站分区原则,求解给定列车运行计划下的车站通过能力计算模型。钟俊[44]提出了到发线和咽喉区一体化计算思路,建立了基于咽喉区最大平行进路的网络流模型来求解车站通过能力。陈韬[45]分别建立了车站理论通过能力和可用通过能力模型,并采用了启发式决策规则与禁忌搜索法结合的算法求解。

仿真方法在铁路能力评估过程中通常能够得到实际能力。在仿真模型中常用的商业仿真软件有 RailSys、Open Track 和 RTC 等[46]。Pouryousef and Lautala[47]提出了一个混合仿真方法,目的是通过探讨时刻表特性来权衡美国铁路服务水平和通行能力利用率的关系,混合仿真方法采用了 RTC 和 Railsys 仿真工具。Zhou 等[48]以安全间隔时间、编组站股道能力等为约束条件,以列车平均停站时间最小为目标函数构建了优化模型,并基于遗传算法和仿真模拟法对模型进行求解。Zieger 等[49]采用蒙特卡罗模拟方法分析了延迟传播模型中不同的缓冲时间分布对连带延迟累积的影响。

1.3.3 调度优化方法和理论

列车运行系统风险调控的核心内容是铁路系统列车调度问题。目前铁路系统列车调度主要是为了在设备设施故障、恶劣天气等因素使运输能力下降、部分列车发生初始晚点情况下优化列车运行秩序、恢复铁路运输服务质量。随着高速铁路的飞速发展,高速列车调度优化是铁路运输服务研究领域的热点问题。列车调度优化中运行图的执行程度不仅取决于路网能力约束,更大程度上取决于列车的可运用情况。调整后的运行图和维修计划作为列车运用计划调整的输入,来优化列车运用计划;调整后的列车运用计划作为时刻表调整的输入,反向调整优化运行图,实现列车调度优化,因此列车调度问题需要统筹考虑时刻表、列车运用和维修计划。

运行图调整方面:Törnquist 和 Persson[50]以晚点时间和晚点导致的费用最小为目标,建立了混合整数规划模型。D'Ariano 等[51]基于可替代图理论,以最小化晚点时间为目标,建立了混合整数线性规划模型。2009 年 D'Ariano 和 Pranzo[52]以列车总晚点时间最小为目标,提出实时调度优化框架(ROMA)。Corman 等[53]考虑了不同等级列车,以列车晚点时间最小为目标,建立了调度优化模型。Louwerse 和 Huisman[54]以晚点列车和取消列车数目最小为目标,建立了整数线性规划模型。Meng 和 Zhou[55]基于累积流向量理论,以列车总晚点时间最小为目标,建立了整数规划模型。Wei 等[56]基于最大加代数理论,以连带晚点最少为目标,建立了调度优化模型。Binder 等[57]考虑了旅客满意度、运营费用和计划运行图因素,建立了多目标整数线性规划模型。Xu 等[58]以列车晚点最小为目标,建立了混合整数线性规划模型。

高速列车(本书主要指动车组)运用计划调整方面:Fioole 等[59]考虑了列车维修条件下,以列车运用费用最小、座位利用率最大和解体编组次数最少为目标,建立了多目标整数规划模型。Espinosa-Aranda 等[60]考虑路网能力和列车约束,以铁路运营利益最大化为目标,建立了混合整数规划的时刻表和列车运用一体化优化模型。Veelenturf 等[61]考虑了列车计划条件下,以晚点列车和取消列车数目最小为目标,建立了整数线性规划模型。Lidén 等[62]联合列车运行计划和维修计划,以列车运行和维修费用最小为目标,建立了混合整数规划模型,求解了最优维修时间窗。Lusby 等[63]考虑了列车维修限制,以取消列车数目最小、座位利用率最大和列车解编次数最小为目标,建立了线性规划模型。Tréfond 等[64]考虑了维修需求和列车整备时间的同质性约束,以最小化运营费用为目标,建立了整数线性规划模型。

Mascis 和 Pacciarelli[65]证明列车调度优化属于 NP-C 组合优化问题。D'Ariano[51]提出了分支定界算法求解列车调度优化问题。Meng 和 Zhou[55]提出了拉格朗日松弛求解算法,解决列车调度问题。Haahr 等人[66]采用列生成和行生成算法,解决了列车运用运营规划和实时调整问题。Lusby 和 Haahr 等人[67]提出了分枝定价求解算法,解决了列车运用调整问题。此外还有一些启发式求解算法:Corman 等[68]提出了禁忌表搜索算法,求解了列车调度优化问题;王忠凯[69]在动车组运用交路已知的前提下,采用模拟退火算法,求解了列车运用计划和检修计划一体化编制的整数规划模型等。

列车在担当运输任务过程中,需要通过多个区域完成运输任务,因此,需要协调控制多个区域的列车群运行风险,使得多个区域列车群整体运行风险最低,然而其本质是多区域列车协调调度优化问题。

多区域列车群协调调度优化层面:Mazzarello 和 Ottaviani[70]以单区域列车运行时间最小化为下层目标、多区域列车运行无冲突为上层目标,建立了双层规划模型。Strotmann[71]以单区域列车调度最优为下层目标,多区域协调最优为上层模型,提出了多区域列车调度双层规划模型。Wegele 等[72]以最小化旅客晚点时间为目标,采用遗传算法求解了调度优化模型。Almodóvar 和 García-Ródenas[73]采用在线贪婪算法求解了列车调度优化问题。Lusby 等[74]基于分支定价算法提出了启发式算法,求解了多区域列车协同问题。

1.4 小　　结

本章总结了我国高速铁路发展与运营现状以及关于高速列车延误控制优化理论的国内外研究现状。从非正常事件下高速列车延误控制面临的挑战出发,梳理了非正常事件下高速列车延误控制优化理论框架,为后续章节内容的展开奠定了基础。

第 2 章 高速列车晚点规律分析

本章从大数据分析的角度入手,对列车运行实绩数据和非正常事件数据进行了指标提取;基于列车运行实绩数据对高速列车的到发晚点时空分布规律进行了统计分析;基于非正常事件数据,从非正常事件的持续时长、影响列车数和初始晚点时长 3 个方面对非正常事件进行了系统研究,确定了每类非正常事件的持续时长分布、影响列车数分布以及导致列车初始晚点时长分布的最优分布函数。

2.1 列车晚点致因及晚点类型

受铁路运营系统内外界因素的干扰,列车无法"按图行车",列车实际的到发时刻晚于时刻表图定的到发时刻的现象称为列车晚点[75],而造成列车晚点的铁路运营系统内外界干扰因素称为晚点致因。当前国内外专家学者对晚点致因进行了较为深入和全面的研究,将高速铁路运行系统的晚点致因从"人-机-环-管"的角度概括为 4 类:人为因素、系统性因素、环境因素和列车间相互影响因素。晚点致因示意图如图 2-1 所示。

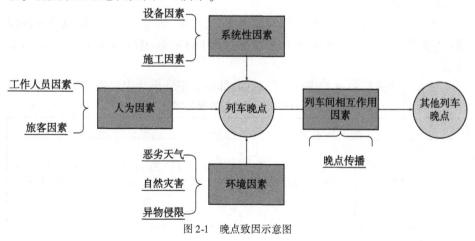

图 2-1 晚点致因示意图

由图 2-1 可知,人为因素、系统性因素和环境因素是导致列车晚点的直接原因,受这 3 类因素影响产生的晚点有可能通过列车间的相互作用传播给其他列车,造成其他列车的晚点。

本文将由人为因素、系统性因素和环境因素直接造成列车晚点的突发性事件,称为非正常事件[76]。本书将这 3 类因素称为非正常事件因素,将某非正常事件因素产生的非正常事件称为某因素类非正常事件,如电气设备故障产生的非正常事件称为电气设备故障类非正常事件。下文将从非正常事件因素和列车间相互作用因素两方面对晚点致因进行详细分析。

2.1.1 非正常事件因素

非正常事件因素作为导致晚点产生的直接原因,具有随机性强、难以避免和无法预测的特点,包括人为因素、系统性因素和环境因素,具体介绍如下:

①人为因素:人为因素主要分为工作人员因素和旅客因素。工作人员因素包括客运值班员误打停车信号而导致列车紧急制动等情况的工作人员操作失误等。旅客因素主要包括旅客在车厢吸烟引发烟雾报警、误拉紧急制动阀、车厢超员等。

②系统性因素:高速铁路行车涉及部门众多,设施设备繁杂多样,系统结构复杂,系统性因素主要包括设备因素和施工因素。高速铁路的"按图行车"离不开车站基础设施、工务设备、信号设备、供电设备等一系列设施设备的正常运转,设施设备故障的发生将严重干扰列车的正常运营而引发晚点。在正常情况下的运行图编制过程中会考虑已经发布通知的施工因素,然而运行图中预留的冗余时间的不足或者临时的维修施工计划都会对列车的正常运营造成较大干扰,很难避免列车晚点的产生。

③环境因素:台风、暴雨等极端恶劣天气,洪水、地震等自然灾害以及异物侵限(主要是闲杂人员、小动物入侵线路界限内)等环境因素都可能导致列车晚点。

结合历年武广高速非正常事件数据,部分非正常事件因素如表 2-1 所示。

部分高速铁路非正常事件因素　　　　表 2-1

因素类型		事件描述
人为因素	工作人员操作失误	负责接发列车的客运值班员误打停车信号,导致列车紧急制动等工作人员失误或调度人员指挥不当等

续上表

因素类型		事件描述
人为因素	旅客造成的晚点	旅客抽烟引起烟雾报警、误拉紧急制动阀、突发疾病需立即停车救治、客流突增等
系统性因素	工务设备故障	轨道、道岔、隧道、桥梁等的工务设备故障
	电气故障	受电弓和接触网的供电设备发生故障
	监测监控设备故障	激光探测装置、TEDS等监测监控设备报警(故障)
	车体故障	晃车或异响等
	车载设备故障	制动设备、供水设备、车门、车载列控设备(主要为ATP设备、应答器等)故障
	信号设备故障	进出站信号机、线路所通过信号机故障或车站(线路所)道岔失去表示、轨道电路非列车占用红光带等
	调度系统故障	CTC系统故障
	施工维修作业	线路部分设备老化或突然故障等需进行施工维修作业的情况
环境因素	恶劣天气	台风、雷雨、冰雹、暴雪等
	异物侵限	闲杂人员、小动物等入侵线路界限内

2.1.2 列车间相互作用因素

列车受到非正常事件因素的直接干扰产生晚点之后,该晚点极有可能在列车间的相互作用因素影响下扰乱相邻列车的既定运行计划,造成其他列车的晚点。因此,列车间的相互作用因素虽然不是产生晚点的直接致因,却是列车晚点产生后造成更多列车晚点的重要原因。我国高速铁路具有开行密度大的特点,列车实际追踪间隔较小,列车在运行过程中一旦受到非正常事件的干扰,调度员若无法及时采取有效的调整措施来尽快恢复受干扰列车的正常运行,那么后行列车则必须采取限速追踪运行等一系列措施来避免与受干扰晚点列车发生行车安全事故,进而造成后续列车的晚点。对于"弹性较差"的列车运行图,图中预留的冗余时间不足,列车间的相互作用更明显,受非正常事件干扰的晚点列车会在短时间内造成本线路甚至其他线路更多列车的晚点。

2.1.3 晚点类型

列车晚点(列车晚点事件的简称)可划分为到达晚点和出发晚点[77]。到达晚点是指列车行驶至前方车站的实际到达时间晚于列车运行图规定的计划到达时间,而列车在车站的实际出发时间迟于列车运行图计划出发时间的现象称为列车出发晚点。

根据晚点发生的原因,列车晚点又可以划分为初始晚点和连带晚点[78],详细介绍如下:

(1) 初始晚点,又称原发性晚点,指列车在运行过程中受到包括人为因素、系统性因素和环境因素在内的非正常事件因素的直接干扰而形成的晚点。该晚点不源于其他晚点列车的影响[79]。非正常事件的随机性和不确定性使得初始晚点的发生难以避免,而初始晚点时长的大小,直接决定了路网整体晚点程度。初始晚点持续时间越长,晚点恢复的执行难度越大,造成的晚点传播影响也就越严重。若能掌握初始晚点分布规律,准确估计初始晚点时长,可以为调度指挥提供辅助决策,有针对性地降低和消除列车初始晚点对运营造成的影响和损失,对提高铁路行车正点率有着重要意义。

(2) 连带晚点,又称后效晚点,是指列车受到其他晚点列车的影响而产生的晚点。常见的连带晚点场景主要有以下4类:

① 车站连带晚点。前行列车在车站发生晚点,后行列车若按运行图计划到站或出站则无法满足与前车的安全技术作业标准,后行列车只能延迟到站或出站,从而产生车站连带晚点。

② 区间连带晚点。前行列车在区间限速运行发生初始晚点,导致后行列车计划区间运行时间与前行列车的实际区间运行时间相交叉,致使后行列车必须限速追踪运行以避免与前行列车造成行车安全事故,如图2-2a)所示,其中虚线代表列车的计划运行线,细实线代表列车的实际运行线。

③ 列车进路连带晚点。列车进路包括过咽喉区径路和到发线两部分,列车到达对应固定的一条到发线、多条过咽喉区径路[80]。本书的列车进路连带晚点指车站到发线无法满足列车作业需求时,列车在到达或通过车站时产生的连带晚点。

④ 天窗连带晚点。列车在运行中受到自身或前行列车的干扰,未能及时通过天窗开设时段且无法转线,只能在车站停留等待天窗结束而造成的出发晚点称之为天窗连带晚点。天窗连带晚点情形之一如图2-2b)所示,前行列车在区间发生晚点,导致前行列车的实际区间运行时间与后行列车的计划区间运行时间相冲突,若后行列车限速追踪运行落入天窗时段,在无法通过联络线转到其他线路运行的情况下,后行列车只能在A站等待天窗结束后发车,后行列车产生的晚点称之为天窗连带晚点。

第2章 高速列车晚点规律分析

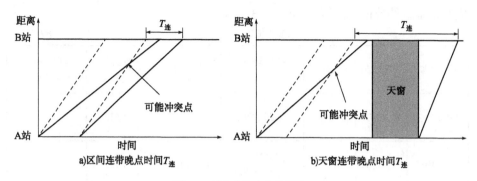

图 2-2 部分连带晚点示意图

2.2 原始数据描述及预处理

2.2.1 列车运行实绩数据与非正常事件数据描述

本书研究了武广高铁线路的晚点时空规律,使用的数据包括广州南站—赤壁北站的列车运行实绩数据和非正常事件数据,时间跨度为 2018 年 10 月 1 日至 2019 年 4 月 1 日。

列车运行实绩数据记录了列车运行日期、车次号以及各车次在各车站的图定到达、图定出发、实际到达、实际出发时刻,部分数据如表 2-2 所示。

表 2-2 部分高速铁路列车运行实绩数据

车站	车次	日期	图定到达时刻	图定出发时刻	实际到达时刻	实际出发时刻
广州南	G100	2018/11/3	12:01:00	12:05:00	12:01:00	12:05:00
韶关	G100	2018/11/3	12:56:00	12:58:00	12:55:00	12:57:00
衡阳东	G1152	2018/10/11	13:35:00	13:37:00	13:40:00	13:42:00
衡阳东	G1505	2018/10/11	14:50:00	14:53:00	14:55:00	14:57:00
衡阳东	G537	2018/10/11	15:12:00	15:14:00	15:16:00	15:17:00

本书提到的非正常事件数据是以文档形式记录的每次非正常事件发生的处置过程详细信息。为便于挖掘非正常事件自身及其影响列车晚点程度的规律,本书通过文字识别等技术手段,从原始文档中提取出非正常事件名称、发生时刻、恢复时刻、发生位置、直接影响列车车次、间接影响列车数量等关键信息,形

15

成非正常事件数据,部分数据如表 2-3 所示。

部分非正常事件数据　　　　　　　表 2-3

日　期	发生时刻	恢复时刻	非正常事件描述	发生位置	直接影响车次	间接影响列车数(列)
2018/10/3	18:40:00	19:29:00	接触网跳闸	韶关站内 K2066+957M	G6128	18
2018/10/6	17:11:00	17:20:00	G1311 6号车厢超员	株洲西站3道	G1311	2
2018/11/15	19:05:00	19:31:00	ATP 故障	乐昌东站至郴州西站间上行线 K1968+553M	G6128	8

2018 年 10 月 1 日至 2019 年 4 月 1 日期间共有 1008 次非正常事件数据,各非正常事件分布如图 2-3 所示。

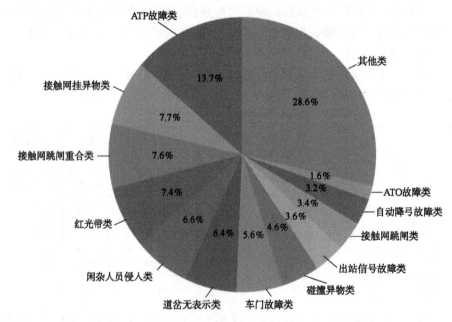

图 2-3　非正常事件分布饼图

由图 2-3 可知,导致列车晚点的非正常事件主要有 ATP 故障类、接触网挂异物类、接触网跳闸重合类、红光带类、闲杂人员侵入类等,其中系统性因素产生的非正常事件居多。统计时间内发生次数最多的非正常事件是 ATP 故障类非正常事件。ATP 系统指列车自动保护系统,能够确保列车行驶速度不超过规定的速度上限。引发 ATP 故障原因多为速度传感器、电源等接触不良。一旦发生 ATP 故障,列车不得不主动降速,甚至停车一直到故障解除。发生次数次多的是接触网挂异物类非正常事件,接触网由于暴露在外而极易附着异物。接触网是高速列车运行的动力来源,区间接触网附着异物时列车无法通行。而接触网跳闸重合属于典型的电气故障,诱发此类事件的原因有很多,常见的有恶劣天气、弓网故障等,这类非正常事件一旦发生,可能导致列车无法正常驱动,产生比较严重的晚点。闲杂人员侵入是指高速铁路上突然出现路外人员的干扰,直接导致列车降速甚至停车,相比设备故障,这类非正常事件较容易得到解决。然而任何非正常事件的发生都难以预料,往往会导致调度员以及列车司机措手不及,若处理不及时将可能造成严重的安全事故。

2.2.2 数据预处理

1) 列车运行实绩数据

列车运行实绩数据在采集录入的过程中会受到一些客观因素的影响,导致数据中存在异常数据。出现的异常数据主要包括空值(null)、缺值(unknown)、负值等,此类数据统称为异常点。为了保证能准确、如实地反映列车晚点分布规律以及为后续晚点预测打下数据基础,必须将实绩数据中的异常点进行剔除。另外,非研究线路、停经研究线路站点过少等类型的数据需要进行筛选剔除。

使用结构化查询语言(Structured Query Language,SQL)对运行实绩数据预处理,具体步骤如下:

(1) 计算列车到达时间偏差。列车到达时间偏差指列车实际到达时间 T_d 与列车图定到达时间 $\hat{T}_d$ 之差,记为 ΔT_d,单位为 min。当 $\Delta T_d > 0$ 时,则认为该车次在该站点发生到达晚点;当 $\Delta T_d \leq 0$ 时,认为该车次没有发生到达晚点。

(2) 计算列车出发时间偏差。列车出发时间偏差指列车实际出发时间 T_a 与列车图定出发时间 $\hat{T}_a$ 之差,记为 ΔT_a,单位为 min。当 $\Delta T_a > 0$ 时,则认为该车次在该站点发生出发晚点;当 $\Delta T_a \leq 0$ 时,认为该车次没有发生出发晚点。

(3) 剔除所研究线路经停两个及两个以下车站的列车。此类列车(如仅经过研究线路起点或终点站而开往其他线路的列车)的晚点信息无法反应研究区域前后车之间的晚点传播关系,因此此类列车信息应予以剔除。

(4)计算各车站到发晚点率。即计算各车站晚点列车数与该车站总体开行列车数比值。

(5)计算各车站不同时长到发晚点占比。即计算各车站的到发晚点时长在各个时间段内的列车数量与该车站发生晚点列车数量的比值。

(6)计算各车站每个时段平均到发晚点时间。以 1h 为粒度,统计所研究数据中 7:00 至 23:00 时间范围各车站每小时所引起的所有列车到发晚点时间之和,进而求得各车站每个时段平均到发晚点时间之和。

2)非正常事件数据

将非正常事件数据中记录的每次非正常事件因素归纳为表 2-1 中所描述的种类。提取非正常事件的持续时长、影响列车数量和导致列车初始晚点时长作为分析非正常事件自身及其影响列车晚点程度规律的指标,计算方法如下:

(1)非正常事件持续时长。非正常事件持续时长为该事件恢复时刻与发生时刻的差值,单位为 min。

(2)影响列车数量。一次非正常事件直接或间接造成的晚点列车数量之和记为影响列车数量,单位为列。

(3)初始晚点时长。将非正常事件数据与列车运行实绩数据相关联,通过数据中每次非正常事件的发生时刻、发生地点和直接影响列车的车次,在运行实绩数据中匹配相应的受影响列车,计算受影响列车在非正常事件干扰后到达下一站的到达时间偏差,该偏差记为初始晚点时长,单位为 min。

由于非正常事件的样本量有限,为了后续能更好地对非正常事件的持续时长、影响列车数量和导致列车初始晚点时长 3 类因素进行分布拟合,本书选取样本量最多的 5 类非正常事件因素,包括异物侵限、电气故障、车体故障、车载设备故障和信号设备故障,作为后续非正常事件影响规律分析的对象。

引入 3σ 准则对每类非正常事件的 3 类因素数据分别进行预处理。此准则表明有不足 0.3% 的数据样本 X 产生于 $(\mu-3\sigma,\mu+3\sigma)$ 以外。μ 和 σ 分别为数据样本的均值和标准差。使用以上区间范围用于数据筛选,该区间的双侧置信度 99.73%,足以包含大多数事件的发生概率,如式(2-1)所示。

$$P(\mu-3\sigma<x<\mu+3\sigma)=99.73\% \tag{2-1}$$

将 $(\mu-3\sigma,\mu+3\sigma)$ 以外的数据视作离群值。离群值的存在会影响分布的拟合过程,因此通过式(2-1)将每类非正常事件的 3 类因素数据离群值剔除。

2.3 高速列车到发晚点规律统计分析

2.3.1 列车到达晚点分析

首先,为准确掌握研究区域列车到达晚点分布情况,将列车实际到达时间 T_d 与列车图定到达时间 $\hat{T}_d$ 之差 ΔT_d 进行统计分析。若 $\Delta T_d < 0$,表明列车早点到达车站,早点时长为 $|\Delta T_d|$;若 $\Delta T_d = 0$,说明列车正点到达车站;若 $\Delta T_d > 0$,说明该列车在该车站发生到达晚点,记为一次列车到达晚点事件。

各车站的到达时间偏差(ΔT_d)描述性统计分析如表 2-4 所示。其中,各站列车到达时间偏差最小值主要集中在 −9min 至 −5min 之间,中位数集中在 −2min 至 0min 之间,这说明各站列车的到达正点率超过 50%,且早点时间相对集中,与正点时间偏差较小。而各站到达时间偏差第三四分位数主要集中在 0min 至 2min 之间,且最大值均超过 270min,这表明列车到达晚点时间数值分布范围跨度较大,对晚点的精准预测带来挑战。到达时间偏差的正值和负值的分布明显不同,是因为正值是受多种不可控因素导致而产生,而负值多是由于在保证运行安全的前提下列车适当的赶点运行而产生。长沙南的偏差数值明显小于株洲西的偏差值,印证了文献[81]中的观点:株洲西至长沙南区间缓冲时间利用率远远高于武广高铁其他区间,到达长沙南站的上行晚点列车有更多的晚点恢复时间。

各车站列车到达时间偏差描述性统计分析　　　　表 2-4

车站	有效样本量	最小值(min)	第一四分位数(min)	中位数(min)	第三四分位数(min)	最大值(min)	平均值(min)	方差(min²)
赤壁北	11082	−9	−3	−2	−1	359	0.521	16.159
岳阳东	22977	−5	−1	−1	0	378	1.727	18.074
汨罗东	23623	−6	−1	−1	0	390	1.883	17.767
长沙南	29205	−11	−3	−2	−1	386	0.017	15.893
株洲西	36772	−38	−1	0	2	397	2.278	15.235
衡山西	36772	−38	−1	0	2	415	2.273	15.121
衡阳东	36959	−5	−1	0	1	436	2.183	15.160

续上表

车站	有效样本量	最小值(min)	第一四分位数(min)	中位数(min)	第三四分位数(min)	最大值(min)	平均值(min)	方差(min²)
耒阳西	37519	-6	-1	0	2	441	2.328	15.039
郴州西	37520	-7	-1	0	2	445	2.474	15.186
乐昌东	37539	-6	-1	0	2	450	2.508	15.238
韶关	37539	-6	-1	0	2	453	2.329	15.300
英德西	37539	-6	-1	0	1	458	2.435	15.456
清远	37539	-6	-1	0	1	455	2.163	15.374
广州北	37527	-5	-1	0	2	459	2.243	15.607
广州南	18966	-8	-2	-1	0	271	0.029	10.089

各车站列车到达晚点频率分布直方图如图2-4所示。总的来讲,列车晚点的分布遵循"小晚点,大概率;大晚点,小概率"的一般规律[82],即较轻微的晚点出现的频率较高,较严重的晚点出现的频率较小。从图上可以直观看到各车站的列车到达晚点时间分布呈现明显的右偏趋势,均服从正偏态分布,即各站分布直方图最高点偏向横轴左边,偏度为正值[83]。同时,频率分布的右半部分比较平缓,这表明了列车到达晚点时间越长,其发生的概率也就越小,各站的列车到达晚点时间分布符合长尾现象[84],对于此类持续时间较长且发生概率较低的"大晚点",多是由于特定的非正常事件所造成的,无法单纯从时刻表数据中识别其规律。由非正常事件因素导致的晚点分布规律会在本章3.3节详细阐述。

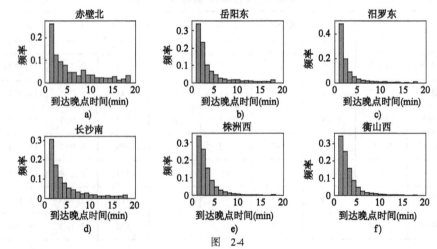

图 2-4

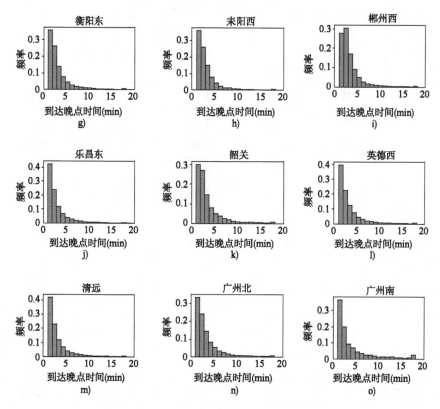

图2-4 各车站列车到达晚点时间频率分布直方图

另外,各车站的列车到达晚点率情况如表2-5所示。广州南站和赤壁北站的列车到达晚点率最低,仅为10.135%和7.244%,然而赤壁北站的所有到达晚点事件中,到达晚点时间小于5min的列车占比最少而到达晚点时间超过60min的列车占比最多,可能的原因是这两个车站分别是该线路区段上下行列车的始发站和终点站,而列车的晚点程度一般是一个随线路长度不断累积的过程,线路越长累积效果越明显,因此当广州南站和赤壁北站作为始发站时晚点率相对较低,若作为终点站,晚点率则一般较大。另外,大部分的列车到达晚点时间集中在5min以内,对旅客出行和列车运行造成的影响较小。虽然发生晚点时间较长的列车占比较小,但是其对列车运行造成的影响却很大,严重降低了旅客满意度,对铁路行车调度提出了严峻挑战。

各站列车到达晚点率　　　　　　　　　　　　　　　　　　　　表 2-5

车站	晚点率（%）	到达晚点时间			
		<5min 占比（%）	5~10min 占比（%）	10~30min 占比（%）	>60min 占比（%）
赤壁北	7.244	41.402	10.972	18.834	16.084
岳阳东	16.932	71.814	6.434	9.791	7.387
汨罗东	19.485	74.716	6.087	8.872	6.525
长沙南	11.411	62.732	9.758	12.855	9.308
株洲西	38.157	82.730	7.406	5.174	2.834
衡山西	40.084	83.338	7.235	4.856	2.673
衡阳东	37.996	83.586	6.594	5.054	2.715
耒阳西	42.318	84.694	6.293	4.682	2.438
郴州西	48.084	86.208	5.747	4.234	2.148
乐昌东	45.343	85.392	5.694	4.315	2.347
韶关	42.893	82.666	8.006	5.154	2.324
英德西	41.345	82.824	7.337	5.506	2.459
清远	37.919	81.267	8.178	5.845	2.624
广州北	37.513	80.233	8.715	6.101	2.783
广州南	10.135	75.602	6.451	9.214	5.318

对各个车站不同时段发生的列车到达晚点时间之和的平均值进行可视化处理，如图2-5所示。图中方格区域颜色的深浅代表了某车站在某时段内所引起的相应列车到达晚点时间之和的平均值大小。颜色越深，说明该车站在该时段的晚点列车越多、造成的晚点时间越长。由图2-5可知，每天上午(6:00—12:00)各车站列车到达晚点时间较少，下午及晚上(16:00—22:00)是各车站发生列车到达晚点的高峰。主要原因是线路下午及晚上开行的列车数相对于上午所开行的列车数更多，行车间隔时间更小，引发的连带晚点危害更大，进而造成晚点的列车更多，导致晚点时间之和也就更大。颜色最深的是17:00—18:00时间段内的株洲西站，经停列车的到达晚点时间之和均值高达70.276min。图2-5可以直观展现不同时段每个车站的列车到达晚点程度，可以协助列车调度员进行风险预警，也可以在一定程度上为运行图的编制提供辅助参考。

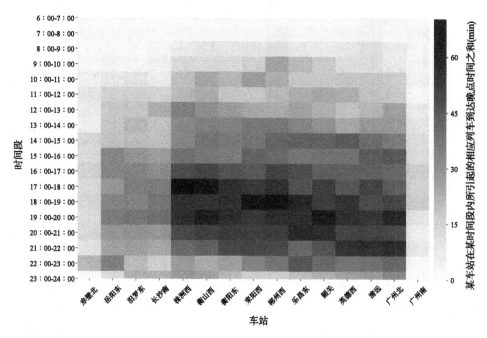

图 2-5 平均列车到达晚点时间

2.3.2 列车出发晚点分析

首先,为准确掌握研究区域列车出发晚点分布情况,将列车实际出发时间 T_a 与列车图定出发时间 $\hat{T}_a$ 之差 ΔT_a 进行统计分析。当 $\Delta T_a < 0$,表明列车早于图定出发时刻从车站发车,早点时长为 $|\Delta T_a|$;若 $\Delta T_a = 0$,说明列车正点发车;若 $\Delta T_a > 0$,则说明该列车在该车站发生出发晚点,记为一次列车出发晚点事件。

各车站的出发时间偏差描述性统计分析如表 2-6 所示。其中,各车站列车到达时间偏差最小值主要集中在 −4min 至 −6min 之间,中位数集中在 −2min 至 0min 之间,这表明各站列车的出发早、正点率超过 50%,且早点时间相对集中,与正点时间偏差较小。而各站出发时间偏差第三四分位数主要集中在 0min 至 2min 之间,且最大值均超过 302min,这说明列车出发晚点时间数值分布范围跨度较大。长沙南至赤壁北区段内行车量较少,平均行车间隔时间较大,运行图的鲁棒性较强,部分晚点时间可以被区间和车站的缓冲时间所"吸收",因此赤壁北、岳阳东、汨罗东和长沙南四个站的列车出发时间偏差数值较小。

列车出发时间偏差描述性统计分析 表2-6

车站	有效样本量	最小值(min)	第一四分位数(min)	中位数(min)	第三四分位数(min)	最大值(min)	平均值(min)	方差(min²)
赤壁北	11082	-6	-2	-2	-1	358	0.544	16.200
岳阳东	22977	-5	-1	-1	0	392	1.682	18.138
汨罗东	23623	-6	-1	-1	0	390	1.787	17.808
长沙南	29205	-4	-1	-1	0	390	1.463	16.078
株洲西	36772	-38	-1	0	1	406	2.231	15.330
衡山西	36772	-38	-1	0	2	415	2.234	15.184
衡阳东	36959	-5	-1	0	1	439	2.268	15.362
耒阳西	37519	-6	-1	0	2	441	2.313	15.135
郴州西	37520	-7	-1	0	2	444	2.251	15.266
乐昌东	37539	-6	-1	0	2	450	2.502	15.298
韶关	37539	-6	-1	0	2	453	2.117	15.408
英德西	37539	-6	-1	0	1	458	2.429	15.516
清远	37539	-6	-1	0	1	455	2.174	15.442
广州北	37527	-5	-1	0	1	459	2.252	15.647
广州南	18966	-4	-2	-1	0	302	0.208	10.735

各车站列车出发晚点频率分布直方图如图2-6所示。从图上可以直观看到各车站的列车出发晚点时间分布趋势与2.3.1列车到达晚点时间分布趋势几乎相同,呈现明显的右偏趋势,均服从正偏态分布,即各车站分布直方图最高点偏向X轴左边,偏度为正值。同时,频率分布的右半部分比较平缓,这说明列车到达晚点时间越长,其发生的概率越小,各站的列车出发晚点时间分布符合长尾现象。

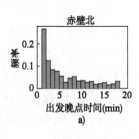
a) 赤壁北

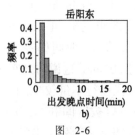
b) 岳阳东

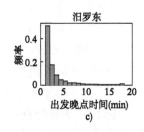
c) 汨罗东

图 2-6

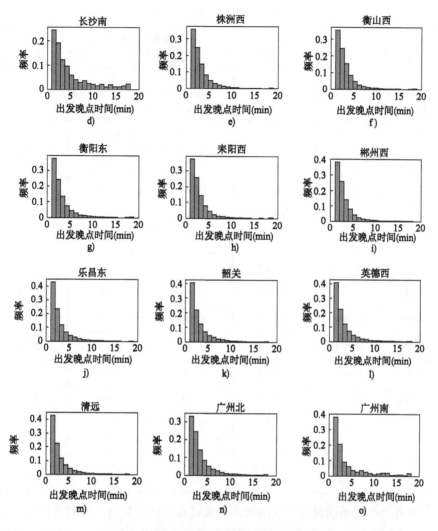

图 2-6 各车站列车出发晚点时间频率分布直方图

此外,各车站的列车出发晚点率情况如表 2-7 所示。与各站列车到达晚点率情况近似,赤壁北站和广州南站的列车出发晚点率最低,分别为 6.667% 和 10.041%。虽然大部分列车出发晚点时间集中在 5min 以内,然而各车站存在一部分列车出发晚点时间较长的事件,如赤壁北站虽然晚点率最低,但是该站所有出发晚点事件中,晚点超过 60min 的事件占比超过 17%,此类事件影响较大,晚点的恢复存在一定难度,造成的晚点传播影响也更严重。

各车站列车出发晚点率分布　　　　　　　　　　表 2-7

车站	晚点率 (%)	出发晚点时间			
		<5min 占比 (%)	5~10min 占比 (%)	10~30min 占比 (%)	>60min 占比 (%)
赤壁北	6.667	35.312	12.645	20.832	17.797
岳阳东	12.835	61.165	8.844	13.527	10.185
汨罗东	17.452	71.567	6.867	9.993	7.345
长沙南	15.833	54.931	11.696	15.587	11.291
株洲西	36.811	81.648	7.871	5.496	3.016
衡山西	39.317	82.898	7.414	4.994	2.757
衡阳东	36.455	81.774	7.322	5.615	3.014
耒阳西	41.465	84.284	6.464	4.834	2.490
郴州西	41.384	83.655	6.809	5.014	2.542
乐昌东	44.811	83.814	7.436	4.745	2.270
韶关	36.044	79.134	9.641	6.213	2.877
英德西	40.512	82.411	7.510	5.634	2.518
清远	37.328	80.923	8.328	5.941	2.677
广州北	37.284	79.831	8.894	6.235	2.834
广州南	10.041	62.814	9.838	14.046	8.095

对各个车站不同时段发生的列车出发晚点时间之和的平均值进行可视化处理，如图 2-7 所示。该图中方格区域颜色的深浅代表了该车站在该时段内所引起列车出发晚点时间之和的平均值的大小。颜色越深，说明造成的晚点时间越长。由图可知，每天上午(6:00—12:00)造成的各站列车出发晚点时间较少，下午及晚上(16:00—22:00)是各车站发生列车到达晚点的高峰。究其原因，下午及晚上开行的列车数相对于上午开行列车数更多，行车间隔时间自然更小，引发的连带晚点危害更大，造成晚点的列车更多，进而导致的总晚点时长也就更大。颜色最深的是 17:00—18:00 时间段内的株洲西站，相应列车出发晚点时间之和均值高达 77.647min。图 2-7 可以直观展现不同时段每个车站的列车出发晚点

程度,可以协助列车调度员进行风险预警,在一定程度上也可以为运行图的编制提供辅助参考。

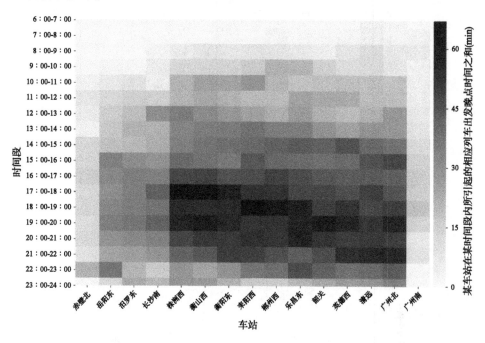

图 2-7 平均出发晚点时间

2.3.3 列车到发晚点时间相关性分析

通过对列车到达晚点和出发晚点时间(简称到发晚点时间)的分析发现,尽管列车到达晚点与出发晚点的发生位置不同,产生的原因也不尽相同,但是列车的到达晚点与出发晚点时间呈现相似的分布规律。为进一步探究列车在同一车站的到达晚点与出发晚点时间之间的相关性,识别晚点时间在车站内的纵向传播规律,下文从运行实绩数据出发,统计了每趟晚点列车在同一车站的到达晚点和出发晚点时间,生成了到发晚点时间之差频率分布直方图与到发晚点时间频率分布Q-Q图,分别如图 2-8、图 2-9 所示。简单来说,Q-Q 图是对相应的两组数据进行关联分析的可视化,Q 代表分位数,通过计算两组数据的分位数,用图形的方式比较两组数据的频率分布,如果两组数据分布非常接近,则该 Q-Q 图上的点趋近于落在直线 $y=x$ 上。

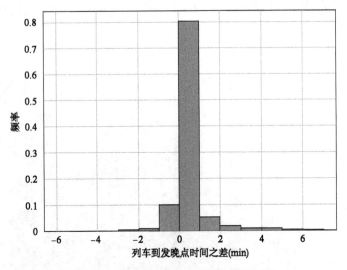

图 2-8　列车到发晚点之差频率分布直方图

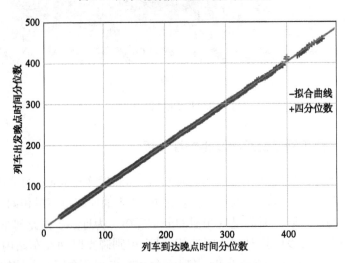

图 2-9　列车到发晚点分布 Q-Q 图

由图 2-8 可以得出,列车到达晚点和出发晚点时间(单位为 min)之差在[0,1]之间的概率超过 80%,在[-1,1]之间的概率超过 90%,这说明同一列车在同一车站的到达晚点和出发晚点时间几乎相同。如图 2-9 所示,所有点都集中分布在直线 $y=x$ 上,表明晚点列车在同一车站的到达晚点与出发晚点时间的分布非常接近,这说明列车到达晚点之后,在车站能采取的调整策略有很大局限性,几乎很难产生晚点恢复效果。另外,所有晚点列车在相同车站的到达晚点与出发晚点时间之间的皮尔逊相关系数(Pearson Correlation Coefficient)[85]为0.991,这进一步说明同一列车在同一车站的到发晚点时间之间存在极强的正相关性,支撑了图2-7和图2-8所示结论。

2.4 高速铁路非正常事件影响规律分析

本节基于高速铁路非正常事件数据,从持续时长、造成晚点列车数和导致列车初始晚点时长3个角度,对非正常事件进行详细的数理统计分析;使用不同的分布模型分别对每类非正常事件的持续时长、影响列车数以及导致列车初始晚点时长进行分布拟合研究。

2.4.1 概率分布拟合理论基础

1) 概率分布函数

为了拟合理想的概率分布函数,需要选择多种分布模型作为备选函数。结合第1章中所提及的模型以及所研究数据分布特点,本书决定使用如下分布作为备选函数:

(1) 指数(Exponential)分布

指数分布是最早应用于晚点分布规律研究的函数之一。概率密度为:

$$f(x|\lambda) = \begin{cases} \dfrac{1}{\lambda}\mathrm{e}^{-\frac{x}{\lambda}} & x \geqslant 0 \\ 0 & x < 0 \end{cases} \tag{2-2}$$

其中,x为随机变量;λ为分布率参数,决定了密度曲线的形状。

(2) 伽马(Gamma)分布

伽马分布具有可叠加、灵活性强的特点。其概率密度为:

$$f(x|\alpha,\beta) = \begin{cases} \dfrac{1}{\beta^{\alpha}\varGamma(\alpha)} x^{\alpha-1}\mathrm{e}^{-\frac{x}{\beta}} & x \geqslant 0 \\ 0 & x < 0 \end{cases} \tag{2-3}$$

其中,α为形状参数;β为尺度参数;$\varGamma(\alpha)$是伽马函数,其函数表达式:

$$\varGamma(\alpha) = \int_{0}^{+\infty} t^{\alpha-1}\mathrm{e}^{-\alpha}\mathrm{d}t \tag{2-4}$$

其中,t为积分变量。

(3) 逻辑斯蒂(Logistic)分布

逻辑斯蒂分布,是火炸药性能研究领域应用最广的分布[86],同时也应用于经济、人口统计等领域。其概率密度为:

$$f(x|\xi,s) = \frac{e^{-\frac{(x-\xi)}{s}}}{s\left[1+e^{-\frac{(x-\xi)}{s}}\right]^2} \tag{2-5}$$

其中,ξ 为均值;s 为尺度参数。

(4) 对数正态(Log-normal)分布

该函数只有统计参数,参数估计过程相对简单。其概率密度为:

$$f(x|\mu,\sigma) = \begin{cases} \dfrac{1}{\sqrt{2\pi}x\sigma}e^{-\frac{(\ln x-\mu)^2}{2\sigma^2}} & x>0 \\ 0 & x\leqslant 0 \end{cases} \tag{2-6}$$

其中,μ 和 σ 分别为随机变量取对数后的平均值和标准差。

(5) 威布尔(Weibull)分布

其概率密度为:

$$f(x|\iota,k) = \begin{cases} \dfrac{k}{\iota}\left(\dfrac{x}{\iota}\right)^{k-1}e^{-\left(\frac{x}{\iota}\right)^k} & x\geqslant 0 \\ 0 & x<0 \end{cases} \tag{2-7}$$

其中,ι 代表尺度参数;k 为形状参数。

(6) 伯尔(Burr)分布

本文中的伯尔分布特指三参数伯尔(XII形)分布模型,已广泛应用于金融、生态和可靠性分析等领域[87]。其概率密度为:

$$f(x|a,c,d) = \begin{cases} \dfrac{\dfrac{dc}{a}\left(\dfrac{x}{a}\right)^{c-1}}{\left[1+\left(\dfrac{x}{a}\right)^c\right]^{d+1}} & x\geqslant 0 \\ 0 & x<0 \end{cases} \tag{2-8}$$

其中,a 为尺度参数;c 和 d 分别为第一形状参数与第二形状参数。

2) 参数估计方法

参数估计是分布拟合过程中的关键步骤之一。极大似然估计法(Maximum Likelihood Estimate)是最经典的概率密度函数参数估计方法之一。

以伯尔分布为例,其似然估计法求参数过程如下:

设 $X=\{x_1,x_2,\ldots,x_n\}$ 是来自伯尔分布的样本,其对数似然函数 $\ln L$ 为:

$$\ln L = \ln\left\{d^n c^n a^{nc} \frac{\prod_{i=1}^{n} x_i^{c-1}}{\prod_{i=1}^{n}\left[1+\left(\frac{x_i}{a}\right)^c\right]^{d+1}}\right\} \quad (2\text{-}9)$$

$\ln L$ 一阶偏导求对数似然方程：

$$\begin{cases} \hat{d} = \dfrac{n}{\sum_{i=1}^{n}(\hat{a}+x_i^{\hat{c}}) - n\log\hat{a}} \\[2mm] \dfrac{n\hat{d}}{\hat{a}} = (\hat{d}+1)\sum_{i=1}^{n}\dfrac{1}{\hat{a}_i + x^{\hat{c}}} \\[2mm] \dfrac{n}{\hat{c}} + \sum_{i=1}^{n}\log x_i = (\hat{d}+1)\sum_{i=1}^{n}\dfrac{x_i^{\hat{c}}\log x_i}{\hat{a}+x_i^{\hat{c}}} \end{cases} \quad (2\text{-}10)$$

在给定样本下，使似然函数值最大，上式的解即为所求参数的估计值。

3) 假设检验方法

K-S 拟合优度检验(Kolmogorov-Smirnov Test)[88]是一种常见的非参数检验方法。设随机变量 X 的实际累积分布函数为 $F_X(x)$，$F_0(x)$ 表示待检验分布的理论分布函数。根据假设检验有：

原假设：$F_X(x)$ 与 $F_0(x)$ 没有显著差异，记为 H_0；

备择假设：$F_X(x)$ 与 $F_0(x)$ 存在显著差异，记为 H_1。

K-S 统计量 D 是指 $F_X(x)$ 与 $F_0(x)$ 之差的绝对值的最大值，定义为：

$$D = \max|F_X(x) - F_0(x)| \quad (2\text{-}11)$$

本文选取显著性水平为 0.05。在该显著性水平下，样本容量 n 超过 35 时，K-S 检验容许的分布误差 $D_{\alpha=0.05}$ 计算方式如下[14]：

$$D_{0.05} = \frac{1.36}{\sqrt{n}} \quad (2\text{-}12)$$

根据 K-S 检验准则，若 D 小于等级临界值 $D_{\alpha=0.05}$，则接受原假设 H_0，且 D 值越小，则表明分布函数对实际数据拟合更准确，拟合优度更高。

此外，比较原假设发生概率 p 与显著性水平 0.05 的大小关系，可作为判断分布函数对样本数据的拟合效果的依据。若 $p<0.05$，则表明 $F_X(x)$ 和 $F_0(x)$ 偏离程度太大，拒绝原假设 H_0；反之，接受原假设 H_0。

2.4.2 高速铁路非正常事件-持续时长分布规律分析

不同类型的非正常事件造成列车晚点的程度有所差别,非正常事件本身的持续时长是衡量事件影响程度最直观的指标[89]。挖掘每类非正常事件持续时长分布特征,识别每类非正常事件的相似性和差异性,对我国高速铁路行车安全、降低列车晚点率和调度工作的顺利进行有现实意义。

具体来讲,通过对不同类型的非正常事件的持续时长进行分布拟合,可以得到对应非正常事件最可能的持续时长和所有可能的持续时长范围下的概率;当非正常事件已经发生时,还可以根据当前持续时长计算后续可能持续时长的概率。具体过程如下所示:

设某一类非正常事件的持续时长为随机变量 X,x 为任意实数,$f(x)$ 为 X 的概率密度函数,$F(x)$ 为 X 的分布函数,持续时长发生在任意区间 $(h,l]$ 内的概率为:

$$P(h < X \leq l) = \int_{h}^{l} f(x) \mathrm{d}x = F(l) - F(h) \tag{2-13}$$

若已知当前非正常事件持续时长 x 为 z,未来持续时长可能在区间 $(z, z+r]$(r 为正数)内的概率为:

$$P(z < X \leq z+r | z \geq r) = \frac{\int_{z}^{z+r} f(x) \mathrm{d}x}{\int_{z}^{\infty} f(x) \mathrm{d}x} \tag{2-14}$$

因此,拟合的非正常事件持续时间的分布函数可以预测非正常事件的持续时长,可为调度员估计非正常事件严重程度提供决策支持,辅助其制定调整方案。

将 2018 年 10 月 1 日至 2019 年 4 月 1 日之间的武广高铁上行方向发生次数最多的前 5 类非正常事件的持续时长数据样本经过 3σ 准则处理,描述性统计分析如表 2-8 所示。

非正常事件-持续时长描述性统计分析 表 2-8

非正常事件类型	样本量	最小值(min)	最大值(min)	平均值(min)	标准差(min)	偏度	峰度
异物侵限	75	6	188	47.631	35.735	4.297	1.946
电气故障	87	2	201	57.594	44.433	1.024	0.602
车体故障	67	3	167	44.735	43.327	1.438	1.241
车载设备故障	53	1	144	22.964	27.456	2.764	8.393
信号设备故障	45	6	253	84.988	50.351	1.073	2.291

第2章 高速列车晚点规律分析

由表 2-8 可知,电气故障类的非正常事件发生次数最多,信号设备故障类非正常事件发生次数最少。各类非正常事件的持续时长的平均值差异较大,信号设备故障类非正常事件持续时长平均值和标准差均为最大,分别为 84.988min 和 50.351min,远大于其他类非正常事件,这表明此类非正常事件往往持续时间更长,每次记录的持续时长之间离散程度更高。5 类非正常事件的持续时长偏度都大于零,说明其相应的分布函数都呈现右偏趋势。车载设备故障类非正常事件的持续时长峰度高达 8.393,而正态分布的峰度为 3,这说明该类数据分布的形状比正态分布更为尖锐,峰更为陡峭[90],其他四类因素产生的非正常事件的持续时长分布较为平缓。

利用 MATLAB 语言,通过极大似然估计法求得的每类非正常事件的持续时长所对应的六种分布函数拟合参数如表 2-9 所示。

非正常事件-持续时长分布函数拟合参数 表 2-9

非正常事件类型	指数分布	伽马分布		逻辑斯蒂分布		对数正态分布		威布尔分布		伯尔分布		
	λ	α	β	ξ	s	μ	σ	ι	k	a	c	d
异物侵限	48.044	2.155	22.294	41.874	18.626	3.622	0.706	53.406	1.433	29.905	2.865	0.704
电气故障	53.132	1.660	32.000	48.941	22.485	3.642	0.908	58.160	1.369	51.300	1.585	1.198
车体故障	46.060	1.240	37.144	38.674	22.430	3.375	1.026	47.989	1.109	128.436	1.259	4.179
车载设备故障	20.634	1.333	15.46	16.398	9.398	2.607	0.957	21.553	1.109	16.563	1.810	1.249
信号设备故障	80.512	2.203	36.546	77.242	25.729	4.144	0.808	89.817	1.643	328.259	1.757	10.467

每类非正常事件持续时长和 6 种分布函数拟合效果如图 2-10 所示。从各类非正常事件持续时长的密度直方图来看,车载设备故障类非正常事件持续时长的分布右偏趋势更严重,其均值相对于其他类非正常事件持续时长更小;电气故障和信号设备故障类非正常事件持续时长分布较为分散,对应的标准差更大。从各类非正常事件的六种概率密度曲线来看,总体上每类非正常事件都有相应的拟合效果不错的概率分布函数;伯尔分布函数对异物侵限、电气故障、车载设备故障类非正常事件持续时长拟合效果较好,指数分布函数对车体故障类非正常事件的持续时长拟合最好,逻辑斯蒂分布函数对信号设备故障类非正常事件持续时长也有着不错的拟合效果。

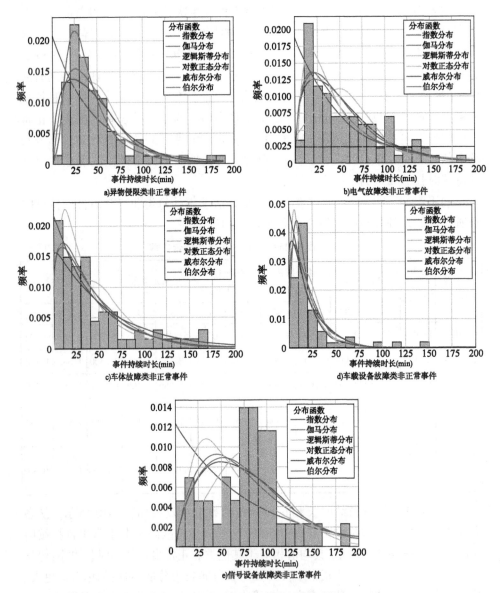

图 2-10 非正常事件-持续时长分布函数拟合图

利用 MATLAB 语言,使用 K-S 检验对每类非正常事件持续时长分布函数进行拟合优度检验,选择通过 K-S 检验且参数 D 值最小的分布函数作为对应非正常事件持续时长的最优分布函数。非正常事件持续时长分布函数检验结果如表 2-10 所示。

非正常事件持续时长分布函数检验　　　　　表 2-10

非正常事件类型	$D_{0.05}$	指数分布		伽马分布		逻辑斯蒂分布		对数正态分布		威布尔分布		伯尔分布	
		D	p	D	p	D	p	D	p	D	p	D	p
异物侵限	0.157	0.209	0.004	0.128	**0.196**	0.997	0.000	0.080	**0.746**	0.132	**0.173**	0.080*	**0.741**
电气故障	0.146	0.141	**0.064**	0.089	**0.488**	0.976	0.000	0.111	**0.239**	0.094	**0.434**	0.084*	**0.573**
车体故障	0.166	0.074*	**0.829**	0.097	**0.535**	0.169	0.040	0.091	**0.614**	0.099	**0.512**	0.079	**0.781**
车载设备故障	0.187	0.134	**0.281**	0.136	**0.263**	0.163	**0.114**	0.125	**0.361**	0.133	**0.288**	0.094*	**0.712**
信号设备故障	0.203	0.242	0.017	0.169	**0.192**	0.118*	**0.605**	0.211	**0.054**	0.144	**0.361**	0.147	**0.335**

注：p 值中加粗数据表示通过 K-S 检验，D 值中有上标 * 的数据表示对应函数为最佳拟合函数。

由上表可知，伽马分布、对数正态分布、威布尔分布和伯尔分布函数对五类非正常事件持续时长的分布函数拟合均通过了 K-S 检验，印证了 Goverde R M P[89]认为伽马分布、对数正态分布和威布尔分布函数对高速铁路故障持续时长数据有较好的拟合效果的结论。每类非正常事件持续时长均有能通过 K-S 检验的分布函数，验证了 6 种分布函数作为备选集的正确性。本书应用的伯尔分布函数对于异物侵限、电气故障和车载设备故障三类非正常事件持续时长的分布拟合 K-S 检验有最小的 D 值，这表明伯尔分布函数对于这三类非正常事件持续时长的拟合效果最优。指数分布和逻辑斯蒂分布函数虽然不能通过所有非正常事件类型的持续时长分布的 K-S 检验，但是指数分布函数对于车体故障有着最优的拟合度，逻辑斯蒂分布函数对信号设备故障的持续时长分布拟合度最优。

表 2-10 中每行 D 值上标 * 所对应的分布函数即为该类非正常事件的持续时长拟合度最优的分布函数，可得结论如下：异物侵限类非正常事件持续时长服从参数 a 为 29.905、c 为 2.865 和 d 为 0.704 的伯尔分布；电气故障类非正常事件持续时长服从参数 a 为 51.300、c 为 1.585 和 d 为 1.198 的伯尔分布；车体故障类非正常事件持续时长服从参数 λ 为 46.060 的指数分布；车载设备故障类非正常事件持续时长服从参数 a 为 16.563、c 为 1.810 和 d 为 1.249 的伯尔分布；信号设备故障类非正常事件持续时长服从参数 ξ 为 77.242 的逻辑斯蒂分布。

2.4.3　高速铁路非正常事件-影响列车数分布规律分析

影响晚点列车数是衡量高速铁路晚点程度的重要指标之一[91]，对非正常事件因素直接或间接影响的列车数量数据进行分布函数拟合，能够识别不同非正常事件的影响列车数分布规律。具体来说,通过分布函数可以计算相应非正常事件任意可能影响列车数的概率;特别是在实际的非正常事件场景中,在已知当前受影响的列车数量情况下能够预测后续可能造成晚点的列车数的概率。

发生频率最高的前五类非正常事件的影响列车数描述性统计分析如表2-11所示。

非正常事件-影响列车数描述性统计分析　　　　　　　　　表2-11

非正常事件类型	样本量	最小值（列）	最大值（列）	平均值（列）	标准差（列）	偏度	峰度
异物侵限	68	1	35	6.074	6.577	3.048	10.305
电气故障	90	1	20	5.028	3.424	1.728	4.306
车体故障	68	1	23	6.094	4.861	1.215	1.246
车载设备故障	62	1	16	4.191	3.015	1.653	3.307
信号设备故障	45	1	37	10.718	10.562	1.259	0.466

由表2-11可知,除了信号设备故障,其他四类非正常事件的影响列车数平均值差异不大,主要集中在4列至6列之间。信号设备故障类非正常事件所导致的影响列车数平均值和标准差均为最大,分别为10.718列和10.562列,远大于其他类非正常事件,这表明此类非正常事件往往会影响更多列车,造成更多的列车晚点,也说明每次记录的影响列车数之间离散程度也更高,掌握其分布规律的难度也越大。

使用极大似然估计法得到的每类非正常事件影响列车数所对应的6种分布函数拟合参数如表2-12所示。

非正常事件-影响列车数分布函数拟合参数　　　　　　　　　表2-12

非正常事件类型	指数分布 λ	伽马分布 α	伽马分布 β	逻辑斯蒂分布 ξ	逻辑斯蒂分布 s	对数正态分布 μ	对数正态分布 σ	威布尔分布 ι	威布尔分布 k	伯尔分布 a	伯尔分布 c	伯尔分布 d
异物侵限	6.073	1.636	3.710	4.792	2.585	1.468	0.766	6.485	1.171	2.908	3.149	0.526
电气故障	5.022	2.542	1.975	4.596	1.764	1.386	0.643	5.473	1.710	5.773	2.246	1.717
车体故障	6.088	1.600	3.804	5.447	2.648	1.462	0.889	6.619	1.303	48.432	1.350	15.447
车载设备故障	4.193	2.307	1.817	3.751	1.532	1.201	0.699	4.688	1.523	4.281	2.238	1.460
信号设备故障	9.179	1.148	7.994	7.138	4.952	1.722	1.007	9.298	1.028	3.541	2.164	0.596

每类非正常事件影响列车数的密度直方图和备选集中六种概率密度曲线拟合效果如图 2-10 所示。从密度直方图来看，各类非正常事件影响列车数的分布趋势大体一致，均呈现右偏的趋势，处于概率密度最高点的影响列车数均集中在 5 列附近；异物侵限和信号设备故障的影响列车数分布更为分散，影响列车数的数值跨度更大，对应的标准差也更大，以上结论与表 2-11 分析结果一致。从各类非正常事件的 6 种概率密度曲线来看，总体上每类非正常事件的影响列车数都有相应的拟合效果不错的概率分布函数，伯尔分布和对数正态分布函数对异物侵限、电气故障、车载设备故障和信号设备故障四类非正常事件影响列车数拟合效果都比较好，而指数分布函数与各类非正常事件影响列车数拟合度较差。

为印证图 2-10 中观察的结论，利用 MATLAB 语言，使用 K-S 检验对每类非正常事件影响列车数分布函数进行拟合优度检验，选择通过 K-S 检验且 D 值最小的分布函数作为对应非正常事件影响列车数的最优分布函数。非正常事件-影响列车数分布函数检验结果如表 2-13 所示。

非正常事件-影响列车数分布函数检验　　表 2-13

非正常事件类型	$D_{0.05}$	指数分布		伽马分布		逻辑斯蒂分布		对数正态分布		威布尔分布		伯尔分布	
		D	p	D	p	D	p	D	p	D	p	D	p
异物侵限	0.165	0.236	0.000	0.166	0.042	0.209	0.004	0.111*	**0.337**	0.178	0.022	0.117	**0.278**
电气故障	0.143	0.281	0.000	0.109*	**0.215**	0.139	**0.056**	0.117	**0.156**	0.119	**0.148**	0.114	**0.173**
车体故障	0.165	0.153	**0.072**	0.106	**0.399**	0.157	**0.062**	0.126	**0.209**	0.095*	**0.535**	0.098	**0.499**
车载设备故障	0.173	0.234	0.002	0.133	**0.199**	0.153	**0.098**	0.219	**0.105**	0.149	**0.112**	0.129*	**0.231**
信号设备故障	0.203	0.161	**0.236**	0.182	**0.134**	0.223	**0.034**	0.113*	**0.655**	0.169	**0.188**	0.115	0.635

注：p 值中加粗数据表示通过 K-S 检验，D 值有上标 * 数据表示对应分布函数为最佳拟合函数。

由表 2-13 可知，首次应用于影响列车数分布拟合的伯尔分布函数对五类非正常事件均通过了 K-S 检验，且对于车载设备故障类非正常事件影响列车数分布拟合的 K-S 检验有最小的 D 值，拟合效果最优。每类非正常事件的影响列车数分布均有能通过 K-S 检验的分布函数，验证了 6 种分布函数作为备选集的正确性。指数分布函数只通过了对车体故障和车载设备故障类非正常事件影响列车数分布的 K-S 检验，印证了图 2-11 反映的指数分布函数不适合影响列车数分布拟合的结论。

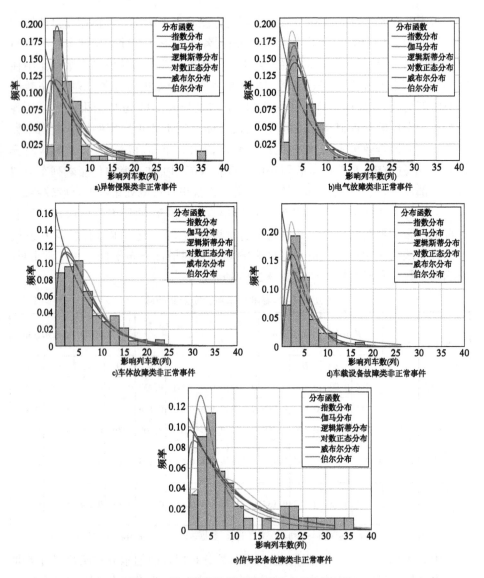

图2-11 非正常事件-影响列车数分布函数拟合图

表2-13中每行 D 值中有上标 * 的数据所对应的分布函数即为该类非正常事件影响列车数拟合度最优的分布函数,可得结论如下:异物侵限类非正常事件影响列车数服从参数 μ 为1.468、σ 为0.766的对数正态分布;电气故障类非常事件影响列车数服从参数 α 为2.542、β 为1.975的伽马分布;车体故障类非正常事件影响列车数服从参数 t 为6.619、k 为1.303的威布尔分布;车载设备

故障类非正常事件影响列车数服从参数 α 为 4.281、c 为 2.238 和 d 为 1.460 的伯尔分布；信号设备故障类非正常事件影响列车数服从参数 μ 为 1.722、σ 为 1.007 的对数正态分布。

2.4.4 高速铁路非正常事件-初始晚点时长分布规律分析

初始晚点是一次晚点事件的最初表现形式，准确的估计受影响列车的初始晚点时长有助于调度员及时制定合理的调度方案，减少晚点传播带来的负面影响，尽可能地降低初始晚点所带来的危害。

通过拟合出的不同非正常事件导致初始晚点时长的最优分布函数可以计算得到对应非正常事件导致列车初始晚点时长和晚点时长的概率；当非正常事件已经发生时，还可以根据当前列车已持续晚点时间计算晚点后续持续时长的概率。

发生次数最多的前 5 类非正常事件的初始晚点时长数据描述性统计分析如表 2-14 所示。由表 2-14 可知，每类非正常事件造成的初始晚点时长的平均值差异明显，说明不同类型的非正常事件造成的晚点程度不同。电气故障类非正常事件造成的初始晚点时长最大，高达 44.134min，表明此类非正常事件对列车晚点造成的影响最大。异物侵限和电气故障类非正常事件所导致的初始晚点时长标准差较大，标准差均超过了 50min，这表明这两类非正常事件每次造成的初始晚点时长数值之间的离散程度更高，对准确掌握其分布规律带来巨大的挑战。

非正常事件-初始晚点时长描述性统计分析　　　表 2-14

非正常事件类型	样本量	最小值（min）	最大值（min）	平均值（min）	标准差（min）	偏度	峰度
异物侵限	60	1	208	40.881	51.392	1.893	2.631
电气故障	82	1	215	44.134	51.087	1.738	2.356
车体故障	59	1	205	39.633	47.134	1.698	2.396
车载设备故障	54	1	183	22.331	34.847	3.31	11.473
信号设备故障	39	2	69	15.958	14.352	2.045	4.692

使用极大似然估计法得到的每类非正常事件造成列车初始晚点时长所对应的六种分布函数拟合参数如表 2-15 所示。

每类非正常事件所造成的初始晚点时长和 6 种分布函数拟合效果如图 2-11 所示。从密度直方图来看，各类非正常事件造成初始晚点时长的分布趋势大体一致，均呈现右偏的趋势，处于概率密度最高点的初始晚点时长均集中在 5min 至 15min 之间；异物侵限和电气故障的初始晚点时长分布更为分散，时长的数值跨度更大,对应的标准差也更大,以上结论与表 2-14 分析结果一致。从各类非正常事件的 6 种概率密度曲线来看,总体上每类非正常事件造成初始晚点时长都有相应的拟合效果不错的概率分布函数;威布尔分布和对数正态分布函数对 5 类非正常事件初始晚点时长分布的拟合效果都比较好;而从图 2-11 中可以直观看到各分布函数与异物侵限类非正常事件造成的初始晚点时长分布的贴合度较低,需要进一步通过 K-S 检验来判定分布函数的拟合效果。

非正常事件-初始晚点时长分布函数拟合参数　　　　表 2-15

非正常事件类型	指数分布	伽马分布		逻辑斯蒂分布		对数正态分布		威布尔分布		伯尔分布		
	λ	α	β	ξ	s	μ	σ	ι	k	a	c	d
异物侵限	48.308	0.840	57.484	37.853	27.872	3.175	1.321	45.092	0.876	38.248	1.171	1.687
电气故障	44.136	0.874	50.477	34.371	25.186	3.116	1.268	41.619	0.893	93.278	1.061	3.061
车体故障	36.775	0.881	41.715	28.922	21.638	2.940	1.228	34.670	0.894	28.885	1.219	1.381
车载设备故障	22.903	0.838	27.328	15.629	12.985	2.427	1.204	20.546	0.843	12.844	1.467	1.115
信号设备故障	15.948	1.685	9.464	13.503	6.835	2.444	0.821	17.306	1.263	11.201	2.169	0.971

为进一步验证图 2-12 观察的拟合效果,使用 K-S 检验对每类非正常事件造成的初始晚点时长分布函数进行拟合优度检验,选择通过 K-S 检验且 D 值最小的分布函数作为对应非正常事件-初始晚点时长的最优分布函数。非正常事件-初始晚点分布函数检验结果如表 2-16 所示。

非正常事件-初始晚点时长分布函数检验　　　　表 2-16

非正常事件类型	$D_{0.05}$	指数分布		伽马分布		逻辑斯蒂分布		对数正态分布		威布尔分布		伯尔分布	
		D	p	D	p	D	p	D	p	D	p	D	p
异物侵限	0.176	0.136	**0.142**	0.108	**0.368**	0.210	0.004	0.082	**0.716**	0.095	**0.535**	0.068*	**0.921**
电气故障	0.15	0.135	**0.089**	0.109	**0.262**	0.210	**0.001**	0.063*	**0.873**	0.094	**0.425**	0.079	**0.654**
车体故障	0.177	0.138	**0.196**	0.119	**0.355**	0.216	**0.007**	0.084*	**0.764**	0.103	**0.528**	0.089	**0.697**
车载设备故障	0.185	0.187	**0.044**	0.170	**0.086**	0.244	**0.003**	0.117	**0.440**	0.145	**0.200**	0.094*	**0.708**
信号设备故障	0.218	0.171	**0.184**	0.112	**0.662**	0.156	**0.264**	0.065*	**0.992**	0.113	**0.653**	0.085	**0.914**

注:p 值中加粗的数据表示通过 K-S 检验,D 值中有上标 * 的数据表示对应分布函数为最佳拟合函数。

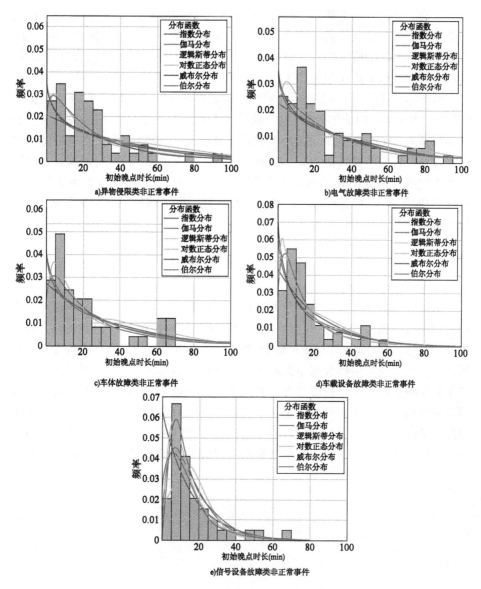

图 2-12　非正常事件-初始晚点时长分布拟合图

由表 2-11 可知，伽马分布、对数正态分布、威布尔分布和波尔分布函数均通过了对 5 类非正常事件造成初始晚点时长分布的 K-S 检验。对数正态分布对电气故障和车体故障类非正常事件造成的初始晚点时长分布拟合最优，印证了袁志明[92]认为对数正态分布对多种致因造成的初始晚点时长分布有最优拟合效果的结论。首次应用于初始晚点时长分布拟合的伯尔分布对异物侵限、车载设备故障和信号设备故障类非正常事件有着更优的拟合效果,其相应 D 值最小。每类非正常事件所造成的初始晚点时长分布均有能通过 K-S 检验的分布函数,验证了6种分布函数作为备选集的正确性。

可得结论如下:异物侵限所导致的初始晚点时长服从参数 a 为 38.248、c 为 1.171、d 为 1.487 的伯尔分布;电气故障类非正常事件造成的初始晚点时长服从参数 μ 为 3.116、σ 为 1.268 的对数正态分布;车体故障类非正常事件造成的初始晚点时长服从参数 μ 为 2.940、σ 为 1.228 的对数正态分布;车载设备故障类非正常事件造成的初始晚点时长服从参数 a 为 12.844、c 为 1.467 和 d 为 1.115的伯尔分布;信号设备故障类非正常事件造成的初始晚点时长服从参数 μ 为 2.444、σ 为 0.821 的对数正态分布。

2.5 小 结

本章首先对列车运行实绩数据进行了晚点数据的提取,得到了列车在各车站的到发时间偏差量统计、晚点率统计和各站不同时段的平均到发总晚点时间统计结果,对广州南站至赤壁北站 15 个车站的晚点时空分布规律进行了详细分析;其次,从非正常事件数据中提取了非正常事件持续时长、影响列车数和导致列车初始晚点时长 3 个特征来分析非正常事件的影响规律,使用不同的分布函数分别对每类非正常事件的上述 3 个特征进行了分布拟合,掌握了不同非正常事件的持续时长、影响列车数以及导致初始晚点时长的分布规律,可为调度员在调度指挥过程中估计非正常事件影响程度、制定相应调整方案提供决策支持。

第3章　基于 BO-XGBoost 算法的高速列车到达晚点预测方法

本章基于数据驱动方法的高速列车到达晚点方法,从时间、空间、基础设施等角度分析了可能影响列车到达晚点时长的特征因素,设计了基于随机森林算法的最优特征提取方法,提出了基于 BO-XGBoost 算法的高速列车到达晚点预测模型,并以武广高铁和厦深高铁为例对模型进行了验证。

3.1　晚点预测场景描述

由第2章的数据分析可知,对于案例中的车站:①晚点列车在同一车站的到达晚点和出发晚点之差在 1min 以内的晚点事件超过 90%,列车的到发晚点时间服从相似的分布规律;②在 2018 年 10 月 1 日至 2019 年 4 月 1 日期间,武广高铁共记录了 479048 个列车到达晚点事件,然而只有 1008 条非正常事件被记录下来。综上考虑,本章只针对列车运行实绩数据中记录的列车到达晚点事件,同时不考虑非正常事件因素,建立高速列车到达晚点预测模型。

本模型可实现列车除始发站外其他经停车站的到达晚点时间预测。设研究线路车站按照上行方向顺序标记为 $S_1, S_2, \ldots, S_n$,其中 S_1 代表始发站,S_n 代表终点站。所研究列车 $Train_i$ 刚到达当前车站 S_j, $S_j \in \{S_1, S_2, \ldots, S_{n-1}\}$;对列车 $Train_i$ 在下一站到达晚点时间产生影响的特征集记为 X_i;$Train_i$ 到达车站 S_{j+1} 时的晚点时间为模型输出变量,记为 $\hat{y}_i$。由此,列车的到达晚点时间预测问题转化为典型的机器学习回归问题,设 M 代表某机器学习算法,表达式如下:

$$\hat{y}_i = M(X_i) \tag{3-1}$$

在运行图结构已知的条件下,使用海量历史到达晚点数据训练模型,使模型学习出每个到达晚点事件的输入特征集与输出特征之间的关系,进而当正在运行的列车在某站发生晚点时,本模型可以准确预测出该列车到达下一站时的晚点时间,为调度员进行列车运行图调整提供决策依据,同时也可以为下一站的旅客提供实时的列车正晚点信息。

3.2 晚点预测算法介绍

3.2.1 XGBoost 算法机理

极端梯度提升树(eXtreme Gradient Boosting, XGBoost)是一种兼具 Boosted Tree 模型和线性模型的集成树算法[93]，在股票预测[94]、电力负荷预测[95]、交通流短时预测[96]等多领域取得了成功。XGBoost 算法介绍具体如下。

假设 $D = \{(X_i, y_i)\}(i=1,2,\ldots,n)$ 为一个含有 n 个样本的数据集，其中 X_i 与 y_i 分别代表第 i 个样本的输入和输出特征。树的集成模型的预测函数可表示为：

$$\hat{y}_i = \sum_{k=1}^{K} f_k(X_i) \qquad f_k \in W \tag{3-2}$$

其中，$\hat{y}_i$ 代表第 i 个样本的输出预测值；K 代表决策树的数量；$f_k(X_i)$ 对应第 i 个样本的第 k 棵决策树的结构 q 和叶子节点权重 ω 的相关情况；W 代表决策树(分类与回归树)的集合空间。

XGBoost 算法的损失函数可表示为：

$$Obj = \sum_{i=1}^{n} l(y_i, \hat{y}_i) + \sum_{k=1}^{K} \Psi(f_k) \tag{3-3}$$

式(3-3)包含两部分，第 1 部分为 $\hat{y}_i$ 与 y_i 之间的误差；第 2 部分为用于增加模型复杂度的正则项 Ψ，具体表示为：

$$\Psi(f) = \gamma T + \frac{1}{2}\theta \|\omega\|^2 \tag{3-4}$$

式(3-4)中，γ 和 θ 代表惩罚系数。XGBoost 算法不是将决策树简单相加求和，而是将模型前一轮预测结果所产生误差作为下一轮决策树建立的基础，第 t 轮的目标函数可表示为：

$$\begin{aligned} Obj^{(t)} = L^{(t)} &= \sum_{i=1}^{n} l\left[y_i, \hat{y}_i^{(t)}\right] + \sum_{k=1}^{t} \Psi(f_k) \\ &= \sum_{i=1}^{n} l\left[y_i, \hat{y}_i^{(t-1)} + f_t(X_i)\right] + \Psi(f_t) \end{aligned} \tag{3-5}$$

对上式进行二阶泰勒展开以求得近似目标函数：

$$L^{(t)} \cong \sum_{i=1}^{n} \left[L(y_i, \hat{y}_i^{t-1}) + g_i f_t(X_i) + \frac{1}{2}h_i f_t^2(X_i)\right] + \Psi(f_t) \tag{3-6}$$

$$g_i = \frac{\partial L(y_i, \hat{y}_i^{t-1})}{\partial \hat{y}_i^{t-1}} \tag{3-7}$$

$$h_i = \frac{\partial^2 L(y_i, \hat{y}_i^{t-1})}{\partial \hat{y}_i^{t-1}} \tag{3-8}$$

其中，g_i 和 h_i 分别为 $L(y_i, \hat{y}_i^{t-1})$ 的一阶和二阶导函数。式(3-6)中 $L(y_i, \hat{y}_i^{t-1})$ 是前一轮的损失值，其为固定值可用常数表示。由于常数项对优化求解问题的影响较小，通常被省略，由此可得：

$$\begin{aligned} L^{(t)} &= \sum_{i=1}^{n}\left[g_i f_t(X_i) + \frac{1}{2} h_i f_t^2(X_i)\right] + \Psi(f_t) \\ &= \sum_{i=1}^{n}\left[g_i f_t(X_i) + \frac{1}{2} h_i f_t^2(X_i)\right] + \gamma T + \frac{1}{2}\theta \sum_{j=1}^{T} \omega_j^2 \\ &= \sum_{j=1}^{T}\left[\left(\sum_{i \in I_j} g_i\right)\omega_j + \frac{1}{2}\left(\sum_{i \in I_j} h_i + \theta\right)\omega_j^2\right] + \gamma T \end{aligned} \tag{3-9}$$

其中，T 代表树上叶子节点的数量，$I_j = \{i | q(x_i = j)\}$ 为第 j 棵决策树的叶子节点当中所含样本集合，式(3-9)中第 3 行为模型按照叶子节点遍历的表达形式。设 $G_j = \sum_{i \in I_j} g_i$，$H_j = \sum_{i \in I_j} h_i$，则有：

$$L^{(t)} = \sum_{j=1}^{T}\left[G_j \omega_j + \frac{1}{2}(H_j + \theta)\omega_j^2\right] + \gamma T \tag{3-10}$$

为求目标函数最小，对 ω 求偏导得：

$$\omega_j = -\frac{G_j}{H_j + \theta} \tag{3-11}$$

将叶子节点权值代入式(3-10)可得：

$$L^{(t)} = -\frac{1}{2}\sum_{j=1}^{T}\frac{G_j^2}{H_j + \theta} + \gamma T \tag{3-12}$$

损失函数越小，模型预测性能越好，使用贪心算法划分子决策树，枚举所有的可行节点，并计算相应的最大增益以选出最优分裂方法。增益 Gain 计算如下：

$$\text{Gain} \cong \frac{1}{2}\left[\frac{G_L^2}{H_L + \theta} + \frac{G_R^2}{H_R + \theta} - \frac{(G_L + G_R)^2}{H_L + H_R}\right] - \gamma \tag{3-13}$$

其中，中括号内前两个式子分别表示左子树和右子树分裂产生的增益，第 3 个式子表示不分裂时的增益。

3.2.2 贝叶斯优化超参数算法机理

一般情况下，优化问题假定目标函数是已知的且易于计算的凸函数[1]。然而，对于机器学习的超参数优化问题，优化的目标函数是未知的非凸函数且难以求解,被认为是黑箱函数[2]。因此,常见的传统优化方法,如牛顿法、梯度下降法等都不能发挥关键作用。

贝叶斯优化算法(Bayesian Optimization,BO)是近年来兴起的基于概率分布的优化算法,可以有效解决超参数寻优问题[3]。假定机器学习模型 M 的超参数多维空间为 Z,Z 的维度为超参数的数量,超参数 $z_1,z_2,\ldots,z_n$ 对应域值空间为 $Z_1,Z_2,\ldots,Z_n$,即 $Z \subset Z_1 \times Z_2 \times \ldots \times Z_n$。给定样本数据集 D 和任意一组超参数组合点 z,优化目标函数记为 ϑ,优化目标为在超参数取值空间 Z 中找到一组超参数组合点 z^*,使得模型 M 在样本数据集 D 上性能表现最优,数学表达式如下所示:

$$z^* = \arg\min_{z \in Z} \vartheta(z|D) \tag{3-14}$$

基于 BO 算法的超参数优化主要有两步:第一,选择合适的先验函数确定待优化函数 ϑ 的先验分布,此步骤选择高斯过程(Gaussian Process,GP)[4];第二,要选择合适的提取函数(Acquisition Function,AC),用于从目标函数的后验分布中构造效用函数,确定下一个进行评估的超参数组合点。

(1)高斯过程

高斯过程是指一组随机变量集合,本书指机器学习模型中的不同超参数集 Z,其中任意有限个随机变量组成的线性组合都服从高斯过程分布[5]。若 ϑ 服从高斯过程分布,则有:

$$\vartheta(z) = GP[m(z), k(z,z|\zeta)] \tag{3-15}$$

其中,$m(z)$ 为 $\vartheta(z)$ 的均值函数;$k(z,z|\zeta)$ 为 z 的协方差函数。为方便计算,通常假设高斯过程的 $m(z)=0$。协方差函数计算公式如下:

$$k(z_i,z_j|\zeta) = \sigma_\vartheta^2 e^{\left[-\frac{1}{2}\frac{(z_i-z_j)^T(z_i-z_j)}{\sigma_l^2}\right]} \tag{3-16}$$

其中,ζ 是核参数向量;σ_ϑ 为信号标准差;σ_l 为长度尺度因子。若所取 z_i 与 z_j 越接近,函数值则越接近 1,表明两个参数组合点接近时,彼此之间影响更大、关联性更强;反之,两个参数集之间关联性更弱。

(2)提取函数

将超参数组合点 z 输入高斯过程模型,可以得到 $\vartheta(z)$ 的均值与方差。随着参数集采样点的增加,后验概率与真实的 $\vartheta(z)$ 之间差距会越来越小。采样点的选取对优化的效率和效果至关重要,因此需要引入提取函数对参数空间 Z 中采样点进行有目的的选取。

假设提取函数所获得的最大值对应目标函数 ϑ 的较大值,因此提取函数的最大化可等同于 ϑ 最大化,于是有:

$$z^+ = \arg\max_{z \in Z} AC(z|D) \tag{3-17}$$

其中，z^+ 代表经过 t 次采样之后，根据贝叶斯优化理论推导出函数 ϑ 取得最优值的一组参数组合点函数 AC 为提取函数。

POI 函数（Probability of Improvement）是常用的提取函数之一，函数表达式为：

$$\text{POI}(z) = P[\vartheta(z) \geq \vartheta(z^+)] = \Phi\left[\frac{\mu(z) - \vartheta(z^+) - \varepsilon}{\sigma(z)}\right] \tag{3-18}$$

其中，Φ 函数代表正态累积分布函数；ε 是为了使得该方法能尽可能多地探索未知空间而增加的权衡系数，可通过动态调整 ε 以防止出现局部最优解。

3.2.3 BO-XGBoost 算法

机器学习算法含有大量超参数，当前机器学习晚点预测模型多根据人工经验和网格搜索等方法进行超参数标定，存在超参数优化效率低的问题，一旦超参数的值设置不合理，将大大降低模型的预测性能。因此本章提出基于 XGBoost 算法和贝叶斯优化算法（BO-XGBoost）的高速列车到达预测模型。采用贝叶斯优化算法对 XGBoost 算法的超参数进行优化，主要步骤为：

(1) 确定目标函数。即期望最小化的目标对象，这里指 XGBoost 算法的输出预测值的验证误差，使用经过 5 折交叉验证（Cross-Validation，CV）[6] 后的 RMSE 平均值作为误差评估指标，RMSE 指标计算方法见式(3-25)。

(2) 确定搜索域空间。指待搜索的超参数值，XGBoost 算法的待优化超参数名称和取值范围如表 3-1 所示，其余超参数取模型默认值。

(3) 优化算法。构造代理模型和选择接下来要评估超参数值的方法，使用高斯过程在过去的搜索结果中构造概率模型，并通过最大化提取函数（POI）以决定下一轮待评估的超参数集，并进行循环迭代，直到达到预设的迭代次数。

(4) 记录历史数据。即存储每次迭代的目标函数评估结果，包括超参数集的取值和 XGBoost 算法的验证误差。使验证误差 RMSE 平均值最小的超参数集为最优超参数集合，使用最优超参数集合训练晚点预测模型。基于 BO-XGBoost 算法的高速列车到达晚点预测模型建模流程图如图 3-1 所示。

表 3-1 待优化超参数名称和取值范围

超参数名称	说明	取值范围
nrounds	基学习器个数；取值太小会出现模型欠拟合，取值太大计算量也会大大增加；当达到一定值后，模型改进效益显著降低	[10,1000]

续上表

超参数名称	说明	取值范围
max_depth	树的最大深度;取值过小导致模型易欠拟合,取值过大模型复杂度越高	[1,30]
min_child_weight	决定最小叶子节点样本权重和最小分裂损失	[1,20]
Subsample	用于模型训练的子样本占整个样本的比例	[0.60,1.00]
Colsample_bytree	决定最小叶子节点样本权重和最小分裂损失	[0.80,1.00]

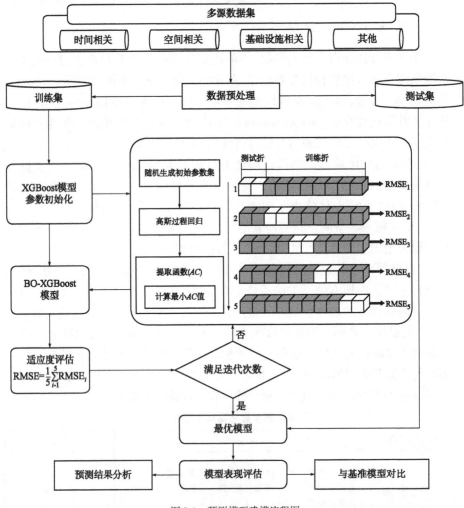

图 3-1 预测模型建模流程图

3.3 多属性数据特征集预处理

特征工程是指从原始数据集中产生应用于晚点预测模型的特征数据的过程，特征选择决定了模型预测能力的上限，模型所使用的算法只是趋近这个上限[97]，因此构建合适的特征集是预测模型成功的关键。本节首先从多属性数据集中选择出可能对晚点预测产生影响的特征，然后设计了基于随机森林算法的特征提取方法剔除冗余特征以提高模型计算效率，为晚点预测模型进行数据准备。

3.3.1 影响晚点相关特征选择

影响晚点传播的因素众多，在不考虑非正常事件特征的情况下，运行图结构、列车自身特性、基础设施情况等多方面因素都可能会对列车到达晚点时长的大小产生影响。因此，本节结合对晚点数据的分析、已有研究成果和现场调度员的访谈结果，从时间、空间和基础设施等角度提取可能影响列车晚点的特征因素，构建多属性输入特征集以预测研究列车到达下一车站的实际到达晚点时间。

1) 时间相关特征

(1) 研究列车在当前站(S_j)的到达晚点时间(TZ_1)。单位为 min。晚点具有纵向传播的性质，在运行过程中列车的前一站晚点会影响该列车在后续车站的到达晚点时长，因此选择此特征有助于使算法自动学习晚点的纵向传播规律。

(2) 前行列车当前站(S_j)出发晚点时间(TZ_2)。单位为 min。考虑列车间相互作用因素的影响，由于晚点具有横向传播的性质，前行列车的晚点可能会造成研究列车晚点。

(3) 研究列车当前站(S_j)至下一站(S_{j+1})的图定运行时间(TZ_3)。单位为 min。一般来讲，列车晚点后，在区间里程相同的情况下，运行时间越长，列车则有较多的时间恢复正常运行。

(4) 研究列车计划到达下一站所属时段(TZ_4)。3.2.1 中分析了一天内各车站在不同时段列车平均到达晚点时间之和。所属时段不同，行车密度不同，造成的到达晚点程度也不相同。若所属时间在 16:00—22:00 范围内，TZ_4 为 1；否则 TZ_4 为 0。

(5) 节假日(TZ_5)。同理，节假日期间受客流量的影响，铁路部门原则上会增加列车开行对数。行车密度越大，晚点越容易产生，且所产生的晚点极难被恢

49

复。若当日属于节假日,TZ_5 为 1;反之 TZ_5 为 0。

2)空间相关特征

(1)研究列车当前旅程完成度(TZ_6)。研究表明,列车晚点的概率会随着列车行驶里程的增加而增大[8]。列车当前旅程完成度为列车 $Train_i$ 当前已行驶里程与计划总里程之比,单位为百分比(%)。

(2)研究列车当前站(S_j)至下一站(S_{j+1})的区间里程(TZ_7)。单位为 km。一般来讲,站间距越长,列车在区间运行过程中受到干扰的可能性也越大[9]。

(3)与前行列车在当前站实际到达时间之差(TZ_8)。单位为 min。该特征用以描述与前行列车的空间距离关系,若与前行列车在当前站实际到达时间之差越大,认为前后列车的空间距离越大,研究列车可能受前行列车连带晚点影响的概率就越小。

3)基础设施相关特征

(1)下一站(S_{j+1})车站规模(TZ_9)。若车站规模较小,原计划的其他列车还在办理车站业务,车站没有空闲股道接车,晚点列车需在站外等待进而导致晚点程度增加。例如,由表 2-4 可知,长沙南站到达晚点率为 11.411%,远小于衡山西站的 40.084%。前者有 13 个站台和 28 条股道,车站规模可记为 28.13;后者为 2 站台 4 股道车站,车站规模可记为 4.02。因此,车站规模可能对列车晚点时间存在一定的影响。

(2)研究列车在下一站(S_{j+1})历史平均晚点时间(TZ_{10})。单位为 min。一般情况下列车的运行时间和线路都是统一调度规划,因此同一列车运行情况与历史情况存在某种规律性,因此研究列车在下一站的历史平均晚点时间可能与因变量存在线性相关性。

(3)当前站(S_j)至下一站(S_{j+1})之间的区间复杂度(TZ_{11})。复杂的区间属性会增加列车晚点的概率。调度专家对区间复杂度进行打分,分值区间为[0,5],分值越高代表复杂度越高,越容易造成列车晚点。

4)其他特征

当初始晚点发生后,调度员可能会根据实际情况采取一系列调整策略以降低晚点影响,因此列车晚点时长的大小是铁路系统内随机干扰和运行图调整策略共同影响的结果。从运行图的角度,识别潜在的调整措施对精准预测列车晚点时间具有重要借鉴意义。股道变更虽然属于常规调整措施,但仅通过列车运行实绩数据无法进行判定,因此本文不对股道变更进行讨论。列车到发顺序的变更同样需要调度员根据实际情况进行判断,其中需考虑的因素之一为前后列车等级。另外,在铺画运行图时,一般会在车站和行车区间预留一定的冗余时间,以保证列车的运行安全以及维持列车运营的稳定秩序。当列车运行发生晚点后,若剩余行车区间或未抵达的车站有可利用的冗余时间,调度员通常采取区间赶点运行或压缩停站时间两种措施来利用该部分时间,以抵消全部或部分晚点[10]。因此,基于运行实绩数据,考虑前后列车等级分类属性、车站停站冗余时间、区间运行冗余时间作为晚点预测模型的特征。

(1)列车等级(TZ_{12})。若研究列车等级高于前行列车,TZ_{12} 为 1;若研究列车等级等于或低于前行列车,TZ_{12} 为 0。

(2)停站冗余时间(TZ_{13})。2.3.2 对冗余时间进行了介绍,仅通过列车运行实绩数据难以确切计算列车停站冗余时间。针对此问题,黄平等[81]提出在列车晚点恢复预测模型中可将列车停站时间近似为列车停站冗余时间,但列车停站需要进行车站作业和旅客乘降等工作,列车停站时间无法等价于列车停站冗余时间;胡雨欣等[11]将车站停站冗余时间近似为列车图定停站时间与该站历史最小停站时间之差,然而不同时段列车开行密度不同,因此使用该站历史最小停站时间来计算停站冗余时间也有一定局限性。结合以上分析和现有运行数据,本文提出停站冗余时间近似计算方法如下:

$$ZR_{i,j+1} = zt_{i,j+1} - zt_{i,j+1}^{\min} \tag{3-19}$$

其中,$ZR_{i,j+1}$ 代表研究列车在车站 S_{j+1} 的近似停站冗余时间;$zt_{i,j+1}$ 为研究列车在车站 S_{j+1} 的图定停站时间;$zt_{i,j+1}^{\min}$ 表示研究列车在车站 S_{j+1} 的历史最小停站时间,单位为 min。

(3)近似区间运行冗余时间(TZ_{14})。同理,仅通过列车运行实绩数据也无法确切计算每列车的区间运行冗余时间,因此本文提出区间运行冗余时间的近似计算方法如下:

$$QR_{i,k} = qt_{i,k} - qt_{i,k}^{\min} \tag{3-20}$$

其中,$QR_{i,k}$ 代表研究列车在第 k 区间的近似区间冗余时间;$qt_{i,k}$ 表示研究列车在第 k 区间的图定运行时间;$qt_{i,k}^{\min}$ 表示与研究列车同等级列车在第 k 区间的实际最小运行时间,单位为 min。

3.3.2 特征标准化

提取之后的特征存在单位与量级的差异,特征量纲的不同会影响算法的求解速度和削弱数值水平较低特征的贡献度[12]。因此,在建立晚点预测模型之前需要对特征数据进行标准化处理。

在基于机器学习的晚点预测领域,普遍使用 Min-Max、Z-Score 标准化等方法消除晚点影响特征间的量纲差异。考虑到本模型在实际应用时,晚点数据将不断补充进模型中可实现模型的实时更新,因此晚点预测特征集使用 Z-Score 标准化进行处理。

经过 Z-Score 标准化处理的数据服从标准正态分布。设有一组样本量为 n 的数据 $\{x_1, x_2, \ldots, x_n\}$,基于 Z-Score 标准化的转化函数为:

$$\widehat{x}_i = \frac{x_i - \mu_n}{\sigma_n} = \frac{x_i - \frac{1}{n}\sum_{i=1}^{n} x_i}{\sqrt{\frac{1}{n-1}\sum_{i=1}^{n}(x_i - \mu_n)^2}} \tag{3-21}$$

其中,μ_n 为样本数据均值;σ_n 为样本数据的标准差。

3.3.3 基于 RF 算法的多维特征提取方法

过多的特征会降低晚点预测模型的预测精度,也会增加预测模型空间复杂度降低模型运行效率。通过特征提取,在全部特征中筛选出一个与输出特征到达晚点时间相关性强且输入特征内部之间相关性低的特征子集,进一步提高预测模型的性能,降低模型运算时间。

特征提取的基本步骤主要分为产生、评价、停止准则和验证 4 步,特征提取的基本流程如图 3-2 所示。

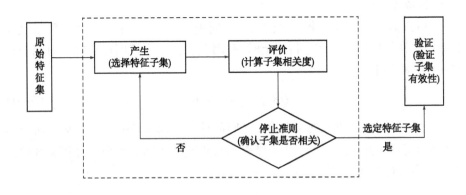

图 3-2 特征提取流程

本章使用 RF 算法计算特征重要度,进而对变量进行提取。RF 算法在完成模型训练之后能给出每个输入特征对输出特征的重要度,近年来已被广泛应用于特征提取[7,13,14]。对于 RF 算法的基础单元决策树,输入的数据是原始样本集经过 Bootstrap 采样的数据。Bootstrap 采样即为在原始样本集中重复地采样来构造新的训练集,这种采样理论上约 1/3 的样本数据不会被选中,这些数据成为袋外数据(Out of Bag,OOB),可以用于估计每个特征的重要度。具体来讲,某一特征的重要度为该特征在各个 CART 上的重要度均值;对于每个 CART,使用 OOB 数据进行测试,计算相应误差 errOOB;对 OOB 数据中待估计重要度的特征加入随机白噪声进行干扰后,再次计算相应误差 errOOB′;计算所有决策树上的 OOB 数据平均误差,用平均精度下降率(Mean Decrease in Accuracy,MDA)作为反映特征重要度的指标,计算公式如下:

$$\mathrm{MDA} = \frac{1}{n}\sum_{t=1}^{n}(\mathrm{errOOB}_t - \mathrm{errOOB}'_t) \tag{3-22}$$

其中,n 代表决策树的个数。MDA 下降越多,表明所对应特征对预测结果的影响越大,进而说明其对输出特征重要度得分也就越高[15]。

3.4 基于 BO-XGBoost 算法的高速列车到达晚点预测模型的建立

本节将经过数据预处理的武广高铁(W-G 线)和厦深高铁(X-S 线)样本数据用以模型的建立,模型的建立包括最优特征集的构建和模型超参数的优化两部分。模型使用 python 3.6 建立。

3.4.1 案例介绍

本节使用 2018 年 10 月 1 日至 2019 年 4 月 1 日期间的武广高铁和厦深高铁的广州铁路局管内线路区段上行方向的全部高速列车晚点样本分别对列车到达晚点预测模型进行训练和测试,使用两条线路的数据分别进行案例分析,意在验证模型的适用性。武广高铁广州铁路局管内线路区段上行方向除去始发站广州南站,共计 14 个车站、13 个区间;厦深高速铁路广州铁路局管内线路区段上行方向除去始发站深圳北站,共计 10 个车站、9 个区间,示意图如图 3-3 所示。基于运行实绩数据,W-G 线共提取出 241397 条列车到达晚点事件;X-S 线由于列车开行密度远低于 W-S 线,共提取出 38194 条列车到达晚点事件。

3.4.2 模型评价指标介绍

为优化模型的超参数以构建最优模型、定量评价模型的预测性能,设 y_1,

$y_2, \cdots, y_n$ 代表输出特征实际值,$\hat{y}_1, \hat{y}_2, \cdots, \hat{y}_n$ 表示相应的输出特征预测值,$\bar{y}$ 代表输出特征实际值的均值,模型评价指标具体定义如下:

(1)决定系数(R^2):用以反映晚点预测模型的预测值与实际值之间的拟合程度。R^2 最大值为1,R^2 值越接近1,说明模型输出的预测值与实际值的拟合程度越高。

$$R^2 = 1 - \frac{\sum_{i=1}^{n}(\hat{y}_i - y_i)^2}{\sum_{i=1}^{n}(y_i - \bar{y})^2} \tag{3-23}$$

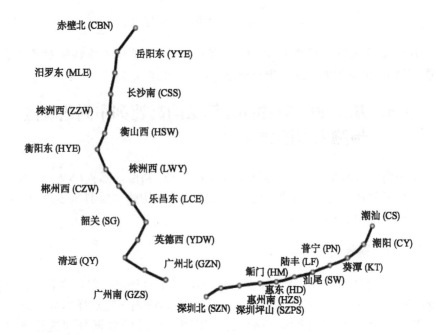

图 3-3　W-G 线与 X-S 线示意图

(2)平均绝对误差(MAE):反映晚点预测模型输出的所有单个晚点预测值与实际值均值的绝对误差平均值,能很好地反映预测值误差的真实情况。

$$\text{MAE} = \frac{1}{n}\sum_{i=1}^{n}|\hat{y}_i - \bar{y}| \tag{3-24}$$

(3)均方根误差(RMSE):用来衡量预测值与实际值之间的偏差,是回归预测领域使用最广泛的评价指标之一。

$$\text{RMSE} = \sqrt{\frac{1}{n}(\hat{y}_i - \bar{y})^2} \qquad (3-25)$$

（4）预测准确率（C_k）：在允许误差 k min 范围内，模型输出的正确预测值的数量占所有预测值总数量的百分比。本案例中 k 取值为 1，3，5。

3.4.3 最优特征集构建

基于 RF 算法的多维特征提取方法原理已在 4.3.3 详细介绍，本节对已经数值标准化的多属性特征数据集进行特征提取，构建最优特征集。通过 RF 算法求得的各个输入特征对输出特征变量的重要度得分如表 3-2 所示。

输入特征对输出特征变量的重要度得分　　　　　表 3-2

数据集	TZ_1	TZ_2	TZ_3	TZ_4	TZ_5	TZ_6	TZ_7	TZ_8	TZ_9	TZ_{10}	TZ_{11}	TZ_{12}	TZ_{13}	TZ_{14}
W-G 线	223	112	65	17	9	25	11	8	73	162	77	13	32	49
X-S 线	188	109	58	21	2	18	10	8	75	150	38	10	43	31

由表 3-2 可知，研究列车在当前站到达晚点时间（TZ_1）、研究列车在下一站历史平均晚点时间（TZ_{10}）、前行列车当前站出发晚点时间（TZ_2）、当前站至下一站之间的区间复杂度（TZ_{11}）和下一站车站规模（TZ_9）均为两组数据集中重要度得分排前 5 的输入特征变量，这代表这 5 类特征因素与列车在下一站到达晚点时间相关性最高。列车等级（TZ_{12}）、与前行列车在当前站实际到达时间之差（TZ_8）和节假日（TZ_5）的重要性得分为两个数据集中后 3 位的特征变量，说明在预测过程中这 3 类特征因素对列车下一站到达晚点时间的影响较小。

由 3.3.3 的介绍可知，可通过测试多个阈值，再根据特征变量的重要度得分排名选择特征集。以 W-G 线数据集为例，运行特征提取程序后结果如表 3-3 所示，其中 Thresh 代表阈值，为新加入特征变量的重要度得分占比；N 代表所选取特征子集中特征变量个数。当满足 Thresh < 0.05 的条件时[16]，N 等于 11 时随机森林算法的 RMSE 最小，认为此时特征子集与到达晚点时间相关性强且特征子集内部之间相关性低。因此选择重要度排名前 11 位的特征变量构建 W-G 线最优特征集，最优特征集的数据形式如表 3-4 所示。同理，对于 X-S 线数据集，在满足 Thresh < 0.05 的条件下，N 等于 13 时 RMSE 最小，因此选择重要度排名前 13 位的特征变量构建 X-S 线最优特征子集。

W-G 线数据集运行特征提取程序后结果　　　　　　　表 3-3

Thresh	N	RMSE	Thresh	N	RMSE
0.009	14	2.832	0.056	7	3.708
0.010	13	2.815	0.074	6	4.608
0.013	12	2.693	0.083	5	5.135
0.015	11	2.532	0.088	4	5.813
0.019	10	2.879	0.128	3	6.467
0.028	9	3.106	0.185	2	9.125
0.037	8	3.533	0.255	1	11.218

W-G 线最优特征集数据形式　　　　　　　表 3-4

日期	车次	S_{j+1}	TZ_1	TZ_2	TZ_3	TZ_4	TZ_6	TZ_7	TZ_9	TZ_{10}	TZ_{11}	TZ_{13}	TZ_{14}	Y
2018/10/8	G1408	清远站	0.932	0.714	-1.967	-0.877	-1.617	-1.254	-0.838	0.281	-0.978	-0.144	-0.887	0.858

注：Y 为列车在下一站的晚点时间。

3.4.4　预测模型超参数优化

超参数优化是构建模型的关键，本案例使用 BO 算法对 XGBoost 算法超参数进行优化以提高模型预测精度。分别选取 W-G 线和 X-S 线两个最优特征数据集 70% 的数据作为高速列车到达晚点预测模型的训练集，剩余 30% 数据用来评估模型性能。优化过程目标函数为使在训练集上 5 折交叉验证后的 XGBoost 算法的 RMSE 均值最低，随机生成初始参数点集合 10 组，寻优过程迭代次数设置为 40 次。为方便观察，将总共迭代 50 次的超参数寻优结果（按从大到小的顺序排列后）误差曲线如图 3-4 所示。在超参数优化开始时，XGBoost 算法在两个线路测试集上的 RMSE 均值分别为 6.322 和 7.216。经过总共 50 轮的寻优迭代过程，通过观察图中指标的下滑趋势可以看出 XGBoost 算法的 RMSE 均值已经收敛，分别降到了 2.599 和 1.866。输出相应 XGBoost 算法的超参数以构建最终的到达晚点预测模型，如表 3-5 所示。

最优超参数　　　　　　　表 3-5

超参数	W-G 线	X-S 线
nrounds	620	619
max_depth	5	5
min_child_weight	3	1
Subsample	0.878	1
Colsample_bytree	0.896	0.955

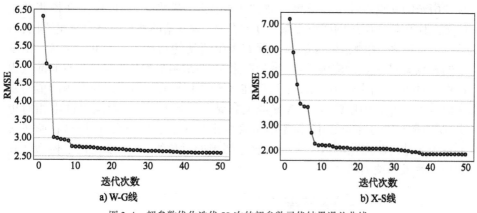

图 3-4 超参数优化迭代 50 次的超参数寻优结果误差曲线

3.5 案例结果分析

本节使用 W-G 线和 X-S 线数据集剩余的 30% 数据对模型进行评估。从整条线路预测精度、各个车站预测精度、不同时长的晚点预测精度 3 个方面对模型的预测性能进行分析和对比;对 BO 算法的超参数优化效率进行了对比分析;同时引入假设检验方法,从统计学的角度验证所提基于 BO-XGBoost 算法的模型的优越性。

3.5.1 模型预测效果整体分析

首先,为验证所提基于 BO-XGBoost 算法的列车到达晚点预测模型的预测效果,本节用该模型生成了 W-G 线和 X-S 线的到达晚点预测值与真实值散点图,如图 3-5 所示。从图中可以直观地看到绝大部分的到达晚点事件点集中在对角线附近,预测值和真实值的差别较小,直观地展现了模型优异的预测拟合效果。模型在两条线上的预测残差分布如图 3-6 所示,两条线的预测残差均接近 0,残差绝对值小于 1 的概率超过了 80%,这表明模型分别在两条高铁线上均展现出了令人满意的拟合效果,验证了模型良好的适用性。

其次,将各车站预测结果进行分析以进一步评估所提方法的预测效果。W-G 线上各站点到达晚点预测值与真实值散点分布如图 3-7a) 所示:①各站的晚点时长分布不同,晚点事件点分布越离散,预测值偏离对角线的概率也越大。以郴州西站和长沙南站为例,郴州西站到达晚点事件时长小于 5min 的占比为 86.208%,时长超过 60min 的到达晚点事件占比 2.148%,长沙南站时长小于 5min 的晚点事件占比仅为 62.732%,晚点超过 60min 的事件占比高达 9.308%,

57

长沙南站的晚点事件点分布更离散,"大晚点"事件更多,因此模型在郴州西站的散点比长沙南站的散点更接近于对角线;②各站的晚点事件点数量不同,事件点数量越多,预测精度也越高。例如耒阳西站的到达晚点率超过42%,汨罗东的晚点率只有19.485%,因此模型在耒阳西站的散点比在汨罗东站的散点更接近于对角线。图3-6b)展现了模型在X-S线上各站点的到达晚点预测值与真实值散点分布,相比W-G线,X-S线上各站的散点更少,大晚点事件也相对更少,晚点散点的分布更集中,模型的拟合效果也更好。总的来讲,模型在两条线上各个车站的晚点预测值与真实值散点都接近对角线,进一步验证了模型优异的拟合效果和预测精度。

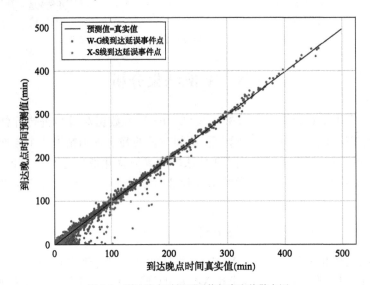

图3-5 到达晚点时间预测值与真实值散点图

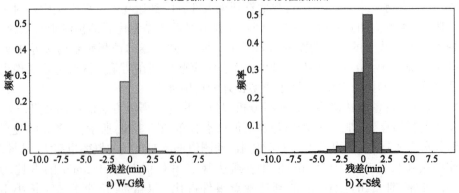

图3-6 预测残差分布图

第3章 基于BO-XGBoost算法的高速列车到达晚点预测方法

为更直观地从图上反映本章所提方法的预测效果,两条高铁线上的各站预测残差密度分布如图3-8所示。图中各站的残差分布与图3-6分布形状相似,所有车站的预测晚点残差都接近0,意味着所提模型的预测残差分布满足0均值和正态分布的假设[17]。

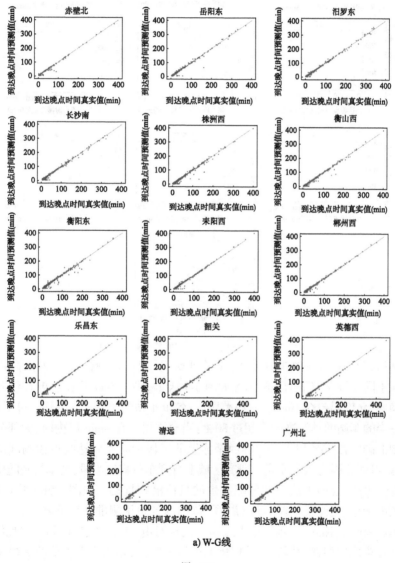

a) W-G线

图 3-7

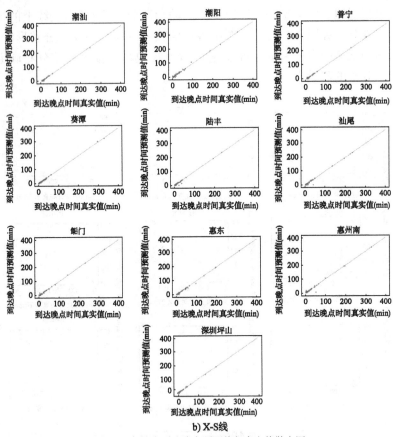

b) X-S线

图 3-7 各站点到达晚点预测值与真实值散点图

最后,使用指标预测准确率 C_k 来验证所提模型的预测效果。两条高铁线上各站在不同允许误差下的预测情况如图 3-9 所示。图 3-9a)所示为 W-G 线各站预测准确率,允许误差在 $1\min(k=1)$ 范围内,各个车站的预测准确率均超过了 60%,超过一半的车站的预测准确率超过 80%;当允许误差在 3min 以内时,大部分车站的预测准确率在 96% 以上。株洲西至赤壁北区段的各站到达晚点预测准确率相对降低,可能原因为该区段属于研究区域上行列车行程后半段,列车受到随机干扰的可能性更高,模型无法识别可能发生的具体潜在扰动。在图 3-9b)所示为 X-S 线预测准确率,允许误差在 $1\min(k=1)$ 范围内各站预测准确率更高,近一半的车站达到了 80%。Nair[84] 同样使用 C_k 这一指标对由 RF 算法、核回归和中观仿真系统的线性集成模型在德国铁路数据集上进行了验证,相比之下本节所提模型的预测准确率更高。总体而言,通过对两条线路的各站预测准确率进行分析,所提模型展现了良好的预测效果,进一步验证了所提模型的泛化能力和适用性较好。

第3章 基于BO-XGBoost算法的高速列车到达晚点预测方法

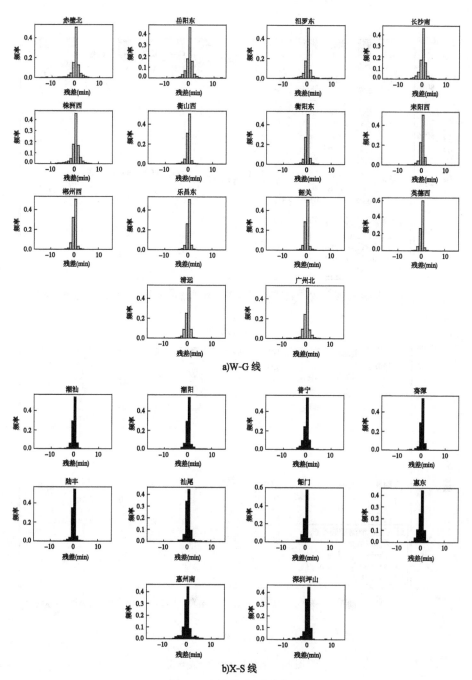

图 3-8 各站预测残差分布图

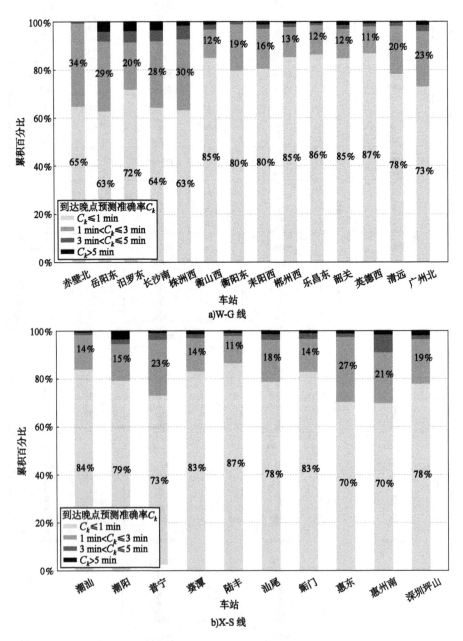

图 3-9 各站到达晚点预测情况

3.5.2 超参数优化效果对比分析

本节选择超参数优化中广泛使用的方法:网格搜索(Grid Search,GS)和随机搜索(Random Search,RS)作为基准方法进行比较分析。通过样本体积和超参数维度两个方面进行算例实证,来验证 BO 算法的优越性。在 W-S 线数据集中选取 4 组体积不同的样本集作为训练集。超参数的维度设置为 2 和 5。当参数维度为 2 时,选择对 XGBoost 方法预测精度影响最大的 nrounds 和 max_depth 作为超参数,参数范围和步长如下:nrounds $\in \{1,6,11,\cdots,1001\}$,max_depth $\in \{1,2,3,\cdots,30\}$。当参数维度为 5 时,超参数类型与 4.4.2 中一致,范围和步长为:nrounds $\in \{1,6,11,\cdots,1001\}$,max_depth $\in \{1,2,3,\cdots,30\}$,min_child_weight $\in \{1,3,5,\cdots,20\}$,subsample $\in \{0.6,0.7,\cdots,1\}$,colsample_bylevel $\in \{0.8,0.9,1\}$。

使用 4 组不同的样本训练集和 2 组不同维度的超参数,比较 BO、GS、RS 算法对 XGBoost 算法超参数优化效率和效果,5 次重复计算结果平均值如表 3-6 所示。

BO、GS、RS 算法对 XGBoost 算法超参数优化性能对比　　表 3-6

样本体积	超参数维度	BO		GS		RS	
		RMSE	时间(min)	RMSE	时间(min)	RMSE	时间(min)
1% ($n=2413$)	2	3.271	2	3.157	23	3.085	9
	5	3.064	2	3.227	129	2.952	11
10% ($n=24140$)	2	2.865	12	3.114	59	2.901	16
	5	2.781	17	*	*	2.727	21
50% ($n=120699$)	2	2.707	37	*	*	2.775	65
	5	2.658	52	*	*	2.684	274
100% ($n=241397$)	2	2.631	40	*	*	*	*
	5	2.607	72	*	*	*	*

注:*表示参数优化运行时间超过 360min。

由表 3-6 可知:首先,当样本量 $n=2413$ 时样本体积较小,3 种方法在相同的参数维度下均有较好的性能,通过 RS 算法进行超参数优化的 XGBoost 算法拥有更低的 RMSE 值,但优化效率略高于 BO 算法;其次,保持训练样本体积相同,增加超参数维度,BO 算法显现出明显的优势,参数维度的增加并没有过度降低优化速度;第三,随着训练样本量体积的增大,GS 和 RS 算法的优化效率大大下降,特别是 GS 算法,当训练样本量 $n=241397$ 时,GS 算法需要数天的时间才能完成对 5 个超参数的优化,而 BO 算法只需要 72min。因此在选择参数寻优方法时,需要在准确性和效率之间进行权衡。若不考虑效率或者样本量很小的情况下,这 3 种方法都可以完成预测模型参数的优化。然而,在铁路系统实际运营中,效率问题必须被重点考虑。预测过程需要不断收集大量的新数据,并且快速训练得到最优模型,以便于调度员参考。BO 算法能同时保证模型的精度和参数优化的效率。因此,BO 算法的性能优于其他两种方法。

3.5.3 预测性能对比分析

为验证所提方法的预测性能,本节选取了 1.2.3 中所提及的 6 种已应用于晚点预测领域且均取得良好预测效果的方法作为基准模型,包括 ANN、KNN、SVR、DELM、GBDT 和 RF 算法。6 种算法的特点和主要超参数简介如下:

ANN 算法的主要优点为能够克服线性模型的众多弊端。隐藏层的层数和神经元的个数影响预测的精度。

KNN 算法基本原理为根据每个查询点最邻近的 k 个数据点的均值作为预测结果。最邻近数据点的数量 k 为该算法最重要的参数。

DELM 算法通过自编码器将多个极限学习机组合而成的深度网络。模型泛化能力强,训练速度快。隐藏层和隐藏神经元是算法主要参数。

RF 算法具有计算速度快、泛化能力强等优点,广泛应用于列车晚点预测领域。算法中决策树的个数和决策树的最大深度是影响预测精度的主要参数。

SVR 算法擅长解决高维度特征的回归问题,同时有大量核函数可以选用,其中径向基核函数是在晚点预测领域效果最好的核函数[8]。除此之外,与预测精度密切相关的参数还包括核系数 Gamma 和惩罚系数 C。

GBDT 算法擅长处理低维度和非线性数据。算法中决策树的个数和决策树的最大深度是影响预测精度的主要参数。

以下通过 BO 算法对所有基准模型的基本超参数值进行寻优求解,均使用相同的训练集和测试集进行模型的训练和评估。

首先,对所有模型的整体表现进行比较与分析。所提 BO-XGBoost 算法与其他 6 种基准模型分别在 W-G 线和 X-S 线测试集的预测性能如表 3-7 所示,其中加粗的数字代表相对应的最优指标。通过各项评价指标可以看到,所有的模型均展现了不错的预测效果。RF 算法在 W-G 线上允许误差在 1min 的晚点预测准确率最高,为 80.544%,其余均是 BO-XGBoost 算法的各项评价指标均为最优。具体来讲,本书所提方法在两条高铁线上的 R^2 最高,分别为 0.988 和 0.990,这说明所提方法的拟合效果最好。相较于基准模型,所提方法还具有最低的 MAE 和 RMSE 值,这说明 XGBoost 算法有更强的能力解决列车晚点预测问题。此外,从表3-7 可以看到 RF 和 DELM 算法的预测性能同样优异,尽管评价指标略差于所提方法,但是这两种方法被证明确实适用于列车晚点预测领域[18,19]。表3-7 中还记录了每个模型的训练时间(不包括模型参数寻优过程),由于 W-G 线的样本量是 X-S 线的10倍以上,因此这些模型在 W-G 线的训练时间更长。BO-XGBoost 算法在 X-S 线上训练所耗费的时间最短。当 W-G 线上 BO-XGBoost 算法的速度仅次于 KNN 算法,然而 KNN 算法精度最低,预测效果最差。值得注意的是,模型训练的时间和预测的精度之间需要进行权衡。虽然 BO-XGBoost 算法的训练速度相较于最快的模型落后了几秒钟,但是其预测精度最高,这在实际应用中是可以接受的。SVR 算法同样拥有较高的预测精度,特别是在 X-S 线上(样本数据量较小),然而随着数据量的增加,SVR 算法的训练速度显著下降,在 W-G 线的训练时间长达 1840.691s。SVR 算法适合解决小样本量回归问题的特性得到验证。

W-G 与 X-S 线预测性能比较 表 3-7

数据集	算法	$C_1(\%)$	$C_3(\%)$	$C_5(\%)$	R^2	RMSE	MAE	时间(s)
W-G 线	ANN	70.241	94.811	98.023	0.985	3.023	1.157	35.321
	KNN	79.194	92.624	95.645	0.970	4.419	1.321	31.467
	SVR	77.134	95.939	98.327	0.988	2.804	0.963	1840.691
	DELM	56.518	94.386	97.981	0.987	2.914	1.399	332.425
	GBDT	39.975	92.144	95.473	0.971	4.375	1.870	69.683
	RF	80.544	95.153	97.551	0.986	2.895	0.931	46.822
	BO-XGBoost	80.196	96.367	98.377	0.988	2.522	0.889	32.654
X-S 线	ANN	66.681	66.688	93.119	0.988	2.079	1.018	3.625
	KNN	75.543	75.543	92.355	0.976	3.109	1.239	3.144
	SVR	74.014	74.014	95.712	0.988	2.168	0.937	20.292
	DELM	61.928	61.927	94.007	0.988	2.099	1.154	9.361
	GBDT	48.003	48.008	94.106	0.986	2.159	1.153	6.355
	RF	77.471	77.476	95.292	0.989	1.984	0.864	5.483
	BO-XGBoost	78.527	78.524	96.158	0.990	1.899	0.806	3.081

其次,到达晚点时间根据时长的大小被划分为3类,从晚点时长的角度评估和分析不同模型的预测性能。所有模型对不同时长到达晚点预测指标如表3-8 和表3-9 所示,加粗的数字代表相对应的最优指标。对于两条高铁线,所提模型

在这 3 个晚点时长区间的大部分评价性能指标均优于其他基准模型。然而在晚点预测中的一个普遍存在的问题是持续时间越长的晚点时间越难以精准预测。以所提 BO-XGBoost 算法在 W-G 线的预测结果为例,该算法对时长属于区间[0,10min)的到达晚点时间的预测准确率 C_5 高达 98.842%,对时长属于区间[10min,20min)的到达晚点预测准确率 C_5 为 85.175%,然而当晚点时间超过 20min 时,预测准确率 C_5 降至 73.812%。究其原因,列车可能是在到达下一站之前受到了非正常事件的二次干扰,造成了晚点时长的增加。尽管如此,BO-XGBoost 算法的综合预测性能优于其他预测模型。通过对比非正常事件数据,证实了当中不少持续时间较长的到达晚点事件是由发生概率极低的非正常事件所引发,非正常事件的不可预测性增加了模型对晚点精准预测的难度,本文将在下一章针对考虑非正常事件特征的到达晚点预测模型进行研究。

不同时长的晚点时间预测性能对比——W-G 线　　　　　表 3-8

晚点时长范围 (min)	算法	C_1 (%)	C_3 (%)	C_5 (%)	RMSE	MAE
[0,10)	ANN	78.181	97.848	99.623	1.113	0.849
	KNN	85.504	97.901	99.282	1.295	0.639
	SVR	81.267	98.414	99.721	1.105	0.686
	DELM	59.866	97.197	99.472	1.507	1.150
	GBDT	43.072	98.396	99.684	1.401	1.208
	RF	**86.027**	97.977	99.263	1.333	**0.605**
	BO-XGBoost	85.533	98.842	99.797	0.869	0.614
[10,20)	ANN	41.281	79.667	91.353	3.299	2.109
	KNN	34.912	71.118	85.002	4.334	2.837
	SVR	54.351	83.147	91.971	3.168	1.789
	DELM	38.548	81.184	91.263	3.247	2.073
	GBDT	30.096	70.306	89.111	3.421	2.379
	RF	49.384	80.528	89.925	3.715	2.101
	BO-XGBoost	50.299	85.157	92.262	3.056	1.782
≥20	ANN	28.561	67.754	84.01	10.053	4.235
	KNN	18.514	43.067	59.10	15.048	8.404
	SVR	31.686	74.126	85.50	9.141	3.717
	DELM	27.475	69.897	84.29	14.897	9.245
	GBDT	9.484	31.651	50.19	14.897	9.245
	RF	36.597	70.388	81.79	9.050	4.073
	BO-XGBoost	34.569	73.812	85.69	8.345	3.589

不同时长的晚点时间预测性能对比——X-S 线　　　　表3-9

晚点时长范围（min）	算法	C_1（%）	C_3（%）	C_5（%）	RMSE	MAE
[0,10)	ANN	68.155	94.40	98.98	1.374	0.888
	KNN	80.894	97.12	99.27	1.273	0.787
	SVR	76.462	97.33	99.43	1.143	0.754
	DELM	63.197	95.32	99.19	1.441	1.041
	GBDT	49.231	96.18	99.44	1.313	0.977
	RF	80.953	97.12	99.38	1.128	0.691
	BO-XGBoost	81.387	97.71	99.49	1.051	0.691
[10,20)	ANN	49.013	78.155	88.073	3.541	2.135
	KNN	18.545	47.686	72.182	5.078	3.967
	SVR	49.667	82.415	87.427	3.232	1.968
	DELM	47.023	78.158	88.745	3.426	2.079
	GBDT	38.414	74.174	85.434	3.587	2.354
	RF	43.718	76.826	90.736	3.147	2.108
	BO-XGBoost	44.377	83.447	92.054	2.981	1.913
≥20	ANN	51.631	79.354	90.224	6.836	2.732
	KNN	14.137	32.614	50.547	12.608	8.119
	SVR	44.575	73.915	80.974	8.274	3.787
	DELM	48.376	80.437	90.223	6.744	2.687
	GBDT	30.987	68.484	81.526	7.572	3.715
	RF	34.784	73.371	87.505	7.270	3.346
	BO-XGBoost	48.912	75.637	90.968	6.891	2.849

最后,本节从车站层面比较所提模型和基准模型的预测性能。所有模型对各个车站的列车到达晚点预测误差如图 3-10、图 3-11 和图 3-12 所示。结果表明,所提方法对各站的列车到达晚点预测均具有最高的 R^2,这说明 BO-XGBoost 算法对晚点预测的拟合效果最好。除了 X-S 线的惠州南站,所提方法有最低的 RMSE 值和 MAE 值,足以验证 BO-XGBoost 算法的预测性能优于基准模型。值得注意的是,所提方法的 RMSE 和 MAE 值与 GBDT 算法相比降低了近 50%,验证了 XGBoost 算法是对 GBDT 算法的优化与改进。此外,通过对比各站的预测误差,存在预测精度因站而异的现象:一方面,各站所使用的训练样本数量不同,

样本的丰富有助于提高模型预测精度；另一方面，不少中间站的预测精度要高于终点站，这是因为模型的预测对象是列车在下一站的到达晚点，大部分属于连带晚点，连带晚点在列车运行过程中前几站的传播规律更为明显，在前后站呈现极强的线性关系，机器学习更容易学习出相应的基本规则。总的来讲，所提方法面对不同的数据拥有更强的鲁棒性，展现了更高的预测精度，也表明 BO-XGBoost 算法在实际应用中具有更好的泛化能力。

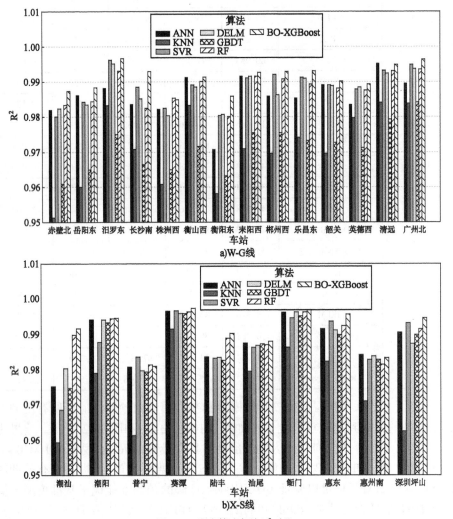

图 3-10　所有算法各站 R^2 对比

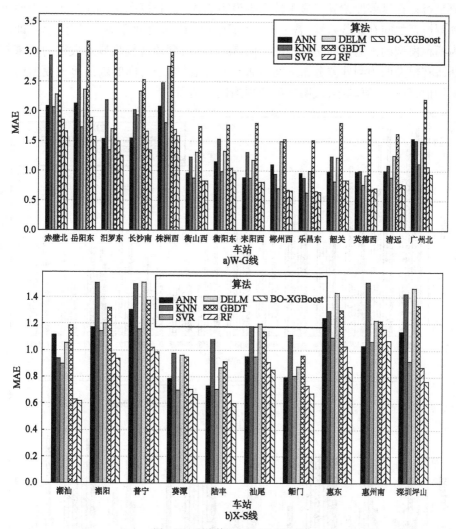

图3-11 所有算法各站 MAE 对比

3.5.4 统计检验

为进一步验证所提 BO-XGBoost 算法的优越性能,本节从统计检验(Statistical Tests)的角度对所有模型的预测结果进行显著性差异对比,即使用威尔科克森符号秩检验(Wilcoxon Signed Rank Test,WSRT)和弗里德曼检验(Friedman Test,FT)两种假设检验方法对所提方法与基准模型的残差进行非参数统计检验[20]。具体来讲,通过 WSRT[21] 方法判断算法的到达晚点预测残差均值是否存在显著性差异。显著性水平设为 0.05，即若概率 $p<0.05$，则认为两个预测模型之间有显著差异；若 $p>0.05$，则不能认为两种方法有显著差异，即认为两种模型的预测性能是相当的。FT 算法[22]可利用各模型残差数据的秩来判断所有模型的预测残差分布之间是否存在显著性差异，同时输出每个模型的秩平均值，秩平均值越小，表明模型的预测性能越高。

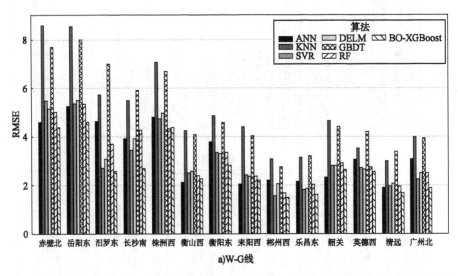

a)W-G线

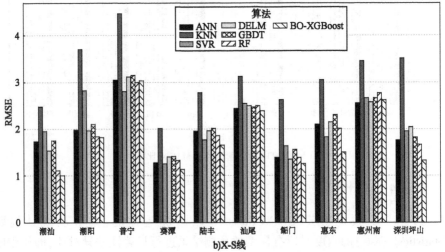

b)X-S线

图 3-12　所有算法各站 RMSE 对比

BO-XGBoost 算法与 6 种基准算法的 WSRT 和 FT 方法计算结果如表 3-10

所示。由表3-10中WSRT的 p 值均小于0.05可知，在95%的置信水平下，BO-XGBoost算法的预测性能分别与其他算法存在显著性差异。表3-10中FT方法的 p 值也均小于0.05，可以认为在95%的置信水平下各个算法之间存在显著性差异；另外，BO-XGBoost算法的FT方法秩平均值分别为2.801和3.432，为所有算法秩平均值中的最小值，因此在95%的置信水平下可以认为BO-XGBoost算法的预测性能优于其他算法。

WSRT 和 FT 方法计算结果 表3-10

数据集	算法（模型简称）	FT方法秩平均值	FT方法 p 值	模型对比	WSRT方法 p 值
W-G	BO-XGBoost（M1）	2.801	0.000	—	—
	ANN（M2）	3.934		M1与M2对比	0.000
	KNN（M3）	3.017		M1与M3对比	0.000
	SVR（M4）	3.124		M1与M4对比	0.000
	DELM（M5）	4.317		M1与M5对比	0.000
	GBDT（M6）	4.656		M1与M6对比	0.000
	RF（M7）	3.134		M1与M7对比	0.001
X-S	BO-XGBoost（M1）	3.432	0.000	—	—
	ANN（M2）	4.173		M1与M2对比	0.000
	KNN（M3）	3.818		M1与M3对比	0.000
	SVR（M4）	3.805		M1与M4对比	0.000
	DELM（M5）	4.764		M1与M5对比	0.000
	GBDT（M6）	4.546		M1与M6对比	0.000
	RF（M7）	3.493		M1与M7对比	0.002

3.6 小 结

本章提出了基于数据驱动的高速列车到达晚点预测方法，从时间、空间、基础设施等角度对可能影响列车到达晚点时长的特征因素进行选择，使用基于随机森林算法的特征提取方法构建了最优特征集，提出了基于BO-XGBoost算法的高速列车到达晚点预测模型，选择经典的ANN、KNN、DELM、GBDT和RF算法作为基准，使用武广高铁和厦深高铁两条线路的数据进行了案例研究。结果表明：①对预测结果进行的对比分析验证了基于BO-XGBoost算法的预测模型的优异性;②相比 GS 和 RS 算法,BO 算法更适合对晚点预测模型的超参数优化;③基于 BO-XGBoost 算法的预测模型在武广高铁和厦深高铁案例上均取得了最优的预测效果,验证了所提模型的适用性和有效性;④基于 BO-XGBoost 算法的预测模型通过了威尔科克森符号秩检验和弗里德曼检验,从统计学的角度进一步验证了所提模型预测效果的优越性。

第4章　考虑非正常事件特征的高速列车到达晚点预测方法

本章基于非正常事件数据,提取了考虑非正常事件影响的高速列车晚点相关特征,建立了基于多模型融合 Stacking 集成学习模式的高速铁路非正常事件-列车到达晚点预测模型,并使用在 W-G 线上行方向发生次数最多的前 5 类非正常事件所产生的到达晚点数据对模型进行训练和评估。

4.1　考虑非正常事件特征的晚点问题描述

当前基于机器学习的晚点预测领域,普遍缺乏列车晚点致因判断特征,为精准预测带来了严峻的挑战[84]。特别是当预测对象是超过 20min 的大晚点事件时,预测精度会有不同程度的下降。

4.2　基于 Stacking 的集成学习模式概述

Stacking 集成学习模式[24]与 Bagging 和 Boosting 类学习模型不同,主要区别在于 Bagging 和 Boosting 模型都是由相同类型的基学习器(如分类回归树,简称 CART)组成,而 Stacking 模型的基学习器可以基于 XGBoost、RF、SVR 和 ANN 等不同性质的算法构成,可以融合多种模型的优点。Stacking 集成学习模式如图 4-1 所示。

Stacking 模型的具体训练方式如下[98]:设数据集 $D = \{X_i, y_i\}, i = 1, 2, \cdots N$, X_i 为 $(x_1, x_2, \ldots, x_j)$,即数据中第 i 个样本的输入特征向量,j 代表第 i 个样本输入特征向量包含的特征数,y_i 代表第 i 个样本的输出特征。将数据随机划分为 K 个大小相同的样本子集 $D_1, D_2, \ldots, D_K$。其中 $D_{-k} = D - D_k$,定义 D_k 和 D_{-k} 代表 K 折交叉验证中第 k 折的测试集和训练集。第 1 层预测算法中共 K 个基学习器,其中第 k 个基学习器使用训练集 D_{-k} 进行训练得到基模型 M_k, $k = 1, 2, \cdots, K$。

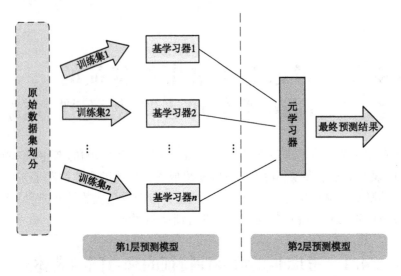

图 4-1　Stacking 集成学习模式

基模型 M_k 对于第 k 折测试集 D_{-k} 上输出的第 i 个预测结果记为 y'_{ki}。当完成 K 折交叉验证过程后，K 个基模型分别输出的预测结果构成新的样本集 D_{new}，$D_{\text{new}} = \{y'_{1i}, y'_{2i}, \cdots, y'_{Ki}, y_i\}, i = 1, 2, \cdots, N$。

样本集 D_{new} 即为 Stacking 模型第 2 层的输入数据，第 2 层中的元学习器算法利用 D_{new} 进行训练得到元模型 M_{new}。Stacking 集成学习模式可以使得第 2 层的元学习器充分归纳学习第 1 层中所有基模型的训练结果，同时元学习器还能独立发生并且纠正第 1 层基模型在预测过程中的误差，以提高模型稳定性和精度。

Stacking 模型的训练过程伪代码如表 4-1 所示。

Stacking 集成模型训练过程伪代码　　　　表 4-1

输入：数据集 $D = \{X_i, y_i\}, i = 1, 2, \cdots, N$
输出：训练完毕的 Stacking 集成模型
步骤 1：将 D 随机划分为 K 个子集，$D_1, D_2, \cdots, D_K$，其中 $D_{-k} = D - D_k$
步骤 2：训练所有基学习器
For $k = 1$ to K
使用训练集 D_{-k} 进行训练得到基模型 M_k
End
步骤 3：构建新数据集 $D_{\text{new}} = \{y'_{1i}, y'_{2i}, \cdots, y'_{Ki}, y_i\}, i = 1, 2, \cdots, N$
步骤 4：使用 D_{new} 对第 2 层元学习器训练得到元模型 M_{new}

第4章 考虑非正常事件特征的高速列车到达晚点预测方法

4.3 考虑非正常事件的晚点预测特征集构建

根据非正常事件数据,提取对应的列车到达延误事件,补充非正常事件相关特征,构建考虑非正常事件的列车到达晚点预测特征集。

4.3.1 非正常事件相关特征因素提取

除3.3.1所提取的14个特征之外,非正常事件相关的特征补充如下:

(1)晚点致因类型(TZ_{15})。不同类型的非正常事件对列车造成的晚点程度不同,考虑样本数量有限,本节只针对异物侵限、电气故障、车体故障、车载设备故障和信号设备故障5类非正常事件导致的晚点进行研究。

(2)非正常事件起始地点(TZ_{16})。在非正常事件数据中会对列车在某公里标处发生故障或开始限速进行记录,该因素影响了列车限速的长度(距离),对列车在下一站的到达晚点产生直接影响。

(3)非正常事件发生时间(TZ_{17})。不同时间段的开行密度也会有所不同。对于行车密度大的时间段,列车受到非正常事件干扰后可能需要更长的时间来恢复正常行车秩序,因此发生非正常事件所属的时间段也会间接对晚点大小产生影响。

(4)限速等级(TZ_{18})。在发生某些非正常事件后,如接触网挂异物,列车需降弓限速行驶来保证行车安全。限速等级对应最高运行速度,进而影响列车的晚点时长。

(5)限速长度(TZ_{19})。非正常事件的影响程度的不同和运行环境的实际情况会导致列车限速运行长度的不同。若非正常事件很快被解决或限速长度较短,则对列车的晚点影响不大。

(6)动车组型号(TZ_{20})。动车组型号不同,其相应最高运行速度也不同,会对到达晚点产生影响。

(7)到达晚点时长期望(TZ_{21})。3.3.4已经拟合出了每种非正常事件导致列车晚点时长的最佳概率密度函数$f(x)$,则相应的该类非正常事件引发列车到达晚点时长期望$E(x) = \int_0^{+\infty} x f(x) dx$。

4.3.2 特征数值化和标准化处理

为提高预测模型精度和效率,对新增的7类特征变量进行数值化和标准化处理。为避免连续变量间的相互影响,对于非正常事件类型和动车组型号等特征进行独热编码(one-hot)[99]离散处理。以晚点致因类型(TZ_{15})为例,对于第3章案例中的非正常事件类型,经过独热编码处理之后,TZ_{15}变成5个二元特征,特征间彼此互斥,每个晚点事件样本只有一个非正常事件类型被激活。新增的7个特征变量的数值化处理结果如表4-2所示。

新增的7个特征变量的数值化处理结果　　　　表4-2

特征名称	特征属性	处理方式	编号
晚点致因类型(TZ_{15})	异物侵限、电气故障、车体故障、车载设备故障和信号设备故障	离散	15-19
非正常事件起始地点(TZ_{16})	非正常事件发生公里标(km)	连续	20
非正常事件发生时间(TZ_{17})	非正常事件发生时间(h)	离散	21
限速等级(TZ_{18})	无限速,300km/h,250km/h,200km/h,160km,120km/h,80km/h,40km/h 依次记为 0,1,2,3,4,5,6,7	离散	22
限速长度(TZ_{19})	限速长度(km)	连续	23
动车组型号(TZ_{20})	CRH2、CRH3 和 CRH380 型	离散	24-26
到达晚点时长期望(TZ_{21})	每一类非正常事件所导致的到达晚点时长期望(min)	离散	27

特征变量数值化处理之后,使用 Z-Score 标准化算法对特征变量进行标准化处理以消除单位与量级的差异。

值得注意的是,基于决策树的模型,包括 XGBoost 算法和 RF 算法,都具备根据拆分标准自动选择对预测结果重要度最高的特征变量的能力[100],而且其他模型对特征变量的学习规则有所不同,同时考虑到非正常事件产生的晚点数据集样本量有限,模型训练耗费时间较短,因此,本章不对 Stacking 集成模型的输入特征集根据重要度进行筛选。至此,考虑非正常事件的晚点预测特征数据集构建完毕,其中样本量为 294,特征维度为 27。

4.4 基于 Stacking 的非正常事件-列车到达晚点预测模型

针对预测难度较大的非正常事件导致的"大晚点"事件,因为其致因性质不同,加之铁路系统内外部的复杂性,单一模型很难完全掌握其规律。

为了充分发挥各个模型的优势,进一步提升针对"大晚点"的预测精度,选取 XGBoost 算法、RF 算法、SVR 算法、DELM 算法和 ANN 算法作为 Stacking 集成模型第 1 层的基学习器。

第 2 层元学习器需要具备泛化能力强、预测精度高的特点,以归纳并纠正基模型对于训练集的偏置情况,因此 Stacking 集成模型的第 2 层选择 BO-XGBoost 算法作为元学习器。所有学习器均使用 BO 算法进行独立超参数优化来选择模型的最佳超参数组合。

Stacking 集成模型的元学习器所使用的训练集是第 1 层基学习器输出的预测结果,因此需要对数据样本进行合理划分来避免过拟合现象的发生。首先按照时间顺序提取考虑致因的晚点数据集的 70% 作为用于集成模型的训练数据,记为原始训练集;然后根据所选的 5 个基学习器,再将原始训练集随机划分为 5 个子数据集。对于一个基学习器,使用一个子数据集作为测试集,另外 4 个子数据集作为训练集,保证数据集互不重叠;经过 5 折交叉验证后,每个基学习器基于相对应的测试集输出预测结果;最后将 5 个基学习器输出的结果合并成新数据集,样本规模与原始数据集用于元模型的训练。这可实现所有数据从输入特征到输出特征的转变,且可保证每个模型训练时保证有一个子集未泄露信息,有效避免了模型的过拟合。剩余的 30% 数据作为原始测试集进行模型预测性能的分析和判断。基于 Stacking 的非正常事件-列车到达晚点预测模型框架如图 4-2 所示。

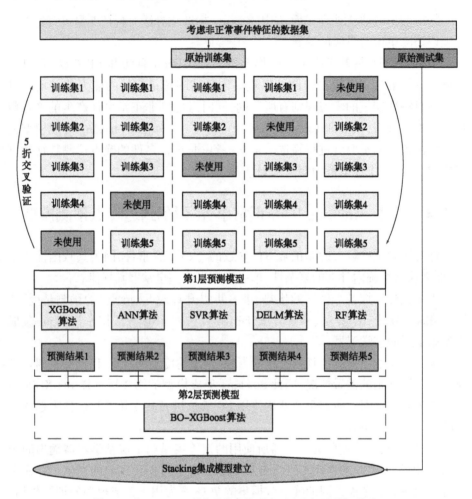

图 4-2 基于 Stacking 的非正常事件-列车到达晚点预测模型框架

4.5 算例分析

4.5.1 Stacking 集成模型超参数选择

为了使 Stacking 集成模型的预测性能达到最优,需要对集成模型中所有模型进行超参数优化。首先对基学习器进行超参数优化,采用 5 折交叉验证的方法将原始训练集数据划分为训练集和测试集,使用 BO 算法对 5 个基学习器算法的超参数进行优化;然后将超参数优化后的 5 个基学习器的输出结果作为第

2 层模型的输入数据,再次对第 2 层中 XGBoost 算法使用 BO 算法进行超参数优化。各基模型和元模型的最优超参数集合和对应最优 RMSE 均值如表 4-3 所示。参数确定之后,使用原始训练集对模型进行训练得到最优 Stacking 集成模型。

各模型最优超参数集合及最优 RMSE 均值   表 4-3

模型	算法	最优超参数集合	RMSE 均值
基模型	XGBoost	Nrounds = 120,max_depth = 6,min_child_weight = 4,Subsample = 0.79,Colsample_bytree = 0.84	1.842
	ANN	神经元数量 20,隐藏层数 1	2.534
	SVR	惩罚系数 $C = 100$,核系数 gamma = 10^{-4}	2.063
	DELM	神经元数量 32、16,隐藏层数为 2	1.894
	RF	Nrounds = 76,max_depth = 8	1.957
元模型	BO-XGBoost	Nrounds = 170,max_depth = 4,min_child_weight = 2,Subsample = 0.83,Colsample_bytree = 0.99	1.773

4.5.2 预测结果对比分析

首先,为验证 Stacking 集成模型的预测性能,不同算法与 Stacking 集成模型在原始测试集上独立预测效果对比如图 4-3 所示。

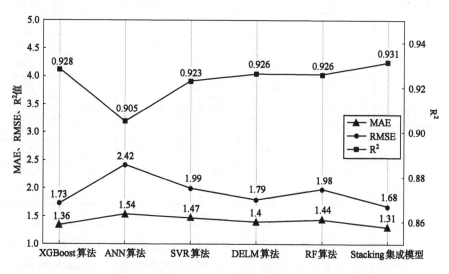

图 4-3 不同算法与 Stacking 集成模型预测误差对比

79

由图 4-3 可知,Stacking 集成模型的预测性能优于其他单一算法,能很好地自动学习出列车到达晚点与铁路系统内外各类特征之间的联系。从模型理论层面来看,Stacking 集成模型发挥了各子模型的自身优势,摒弃了预测效果不理想的子算法预测结果。从模型优化层面来讲,单一算法在训练优化过程中有陷入局部最优的风险,局部最优所对应模型的泛化能力可能不佳,而通过第 1 层基学习器单独训练后结合再由第 2 层元模型训练优化的双层集成学习模式可以有效避免模型陷入局部最优的风险,大大提高模型泛化能力。因此,Stacking 集成模型的预测效果会优于单一算法。

为进一步验证 Stacking 集成模型对于非正常事件产生的列车到达晚点预测的有效性和优越性,模型对每类非正常事件的晚点时长预测的误差指标如表 4-4 所示。

Stacking 集成模型对 W-G 线上 5 类非正常事件产生的晚点时长预测误差 表 4-4

非正常事件类型	晚点时长范围(min)	C_1 (%)	C_3 (%)	C_5 (%)	RMSE	MAE
异物侵限	(0,10)	81.64	92.59	100.00	1.36	0.97
	[10,20)	60.00	80.00	100.00	1.99	1.38
	≥20	55.56	77.78	88.89	2.68	1.43
电气故障	(0,10)	83.49	94.68	100.00	0.96	0.71
	[10,20)	63.67	83.33	100.00	1.38	0.91
	≥20	50.00	70.00	80.00	3.73	1.89
车体故障	(0,10)	75.00	91.67	100.00	1.23	0.89
	[10,20)	60.00	80.00	100.00	1.49	0.99
	≥20	50.00	100.00	100.00	2.48	1.07
车载设备故障	(0,10)	88.89	100.00	100.00	1.03	0.81
	[10,20)	62.50	100.00	100.00	1.49	0.99
	≥20	66.67	75.00	87.50	3.21	2.43
信号设备故障	(0,10)	76.92	92.31	100.00	1.16	0.87
	[10,20)	66.67	100.00	100.00	1.59	1.17
	≥20	66.25	75.00	87.50	4.09	3.12

首先,相较于表 3-8 中所展示的不同晚点时长范围内的预测误差,表 4-4 中所显示的 Stacking 集成模型对时长在[10,20)范围内和超过 20min 的晚点时长预测精度有了进一步的提升。以 20min 以上的到达晚点时长的预测为例,允许

误差在 1、3 和 5min 以内的预测准确率 C_k 均超过了 50%，同时 RMSE 和 MAE 的值也低于表 3-8 中相对应的值。一方面，这归因于样本数据集的选取，由于本模型是基于发生频率最高的前 5 类非正常事件所导致的到达晚点数据进行建模，每类事件产生的到达晚点事件数据量少，且各类事件所导致的到达晚点数据相似，因此针对特定非正常事件产生的晚点数据，预测模型更容易学习出各个输入特征与输出特征之间的准确关系，所以预测精度更高；另一方面，也证明了考虑非正常事件特征的必要性，若能识别每次列车晚点的致因及相关特征，模型预测精度将进一步提升。另外，由表 4-4 还可以观察到时长超过 10min 的晚点事件，不少预测准确率 C_k 的值达到了 100%，这一定程度上证实了 Stacking 集成模型对考虑非正常事件特征的晚点事件的预测能力，然而也暴露了本模型的一定局限性，即测试集数据十分有限，使得预测准确度出现了绝对化的现象。此外，Stacking 集成模型对每类非正常事件的相对应的预测评价指标之间的差值较小，验证了集成模型强大的稳定性。事实上在以安全为第一的现场实际应用中，相对于预测精度，调度员对预测结果的稳定性更为看重。总的来说，Stacking 集成模型优异的预测性能和强大的稳定性得到了验证。

4.5.3 模型适用场景分析

为验证 Stacking 集成模型对第 3 章不考虑非正常事件特征的列车晚点事件的预测性能，本节设置了 Stacking 集成模型与 BO-XGBoost 算法在 W-G 线不同晚点数据集上的预测性能对比分析。分析中分别使用不同数据集的 70% 的数据来进行模型的超参数优化和训练，超参数优化使用 BO 算法，剩余 30% 数据作为测试集用以进行模型的评价。选取模型在测试集上的 R^2、RMSE、MAE 值和模型超参数优化训练所耗费的时间(min)作为评价指标来对比模型性能。

表 4-5 展示了 Stacking 集成模型与 BO-XGBoost 算法在 W-G 线数据集上的预测性能对比结果。由表 4-5 可知：首先从预测精度的角度来讲，随着样本量的增加，两模型的预测精度也随之提高。两模型的预测精度差距随着样本量的增加而减少，当面对小样本($n = 2413$)时，Stacking 模型的预测精度更优，与 BO-XGBoost 算法的 R^2、RMSE、MAE 的差值分别为 0.006、0.296 和 0.080，当样本体积最大($n = 241397$)时，BO-XGBoost 算法的预测精度更优，误差指标差值下降到了 0.001、0.036 和 0.012；从模型的优化训练耗费的时间上看，随着样本量的增加，Stacking 集成模型的效率下降越明显，模型优化训练耗费的时间更久，当训练数据量超过十万时，Stacking 集成模型耗费时间超过了 360min，这是由于

集成模型中存在训练速度慢的如 SVR 算法。值得注意的是，当样本量 n = 241397 时 BO-XGBoost 算法的预测精度和效率均优于样本量 n = 241397 时的 Stacking 集成模型，这说明当样本量很大时 BO-XGBoost 算法能同时保持预测的高精度和高效率。

Stacking 集成模型与 BO-XGBoost 算法预测性能对比——W-G 线　　表 4-5

样本量大小	模型	R^2	RMSE	MAE	时间(min)
1% (n=2413)	Stacking 集成	0.982	2.965	1.274	8
	BO-XGBoost	0.976	3.261	1.354	2
10% (n=24140)	Stacking 集成	0.983	2.847	1.161	86
	BO-XGBoost	0.981	2.934	1.204	18
50% (n=120699)	Stacking 集成	0.986	2.542	1.003	*
	BO-XGBoost	0.986	2.585	1.037	52
100% (n=241397)	Stacking 集成	0.986	2.557	0.904	*
	BO-XGBoost	0.987	2.521	0.892	72

注：* 表示参数优化运行时间超过 360min。

综合分析预测精度和模型耗费时长两个方面的数据可知：BO-XGBoost 算法比 Stacking 集成模型更适合样本数据量大且无法考虑非正常事件特征的列车到达晚点预测场景，尤其适合较轻微的列车连带晚点的预测；而 Stacking 集成模型对样本量少、考虑非正常事件相关特征的列车到达晚点时间的预测性能更优，因此若及时掌握突发的非正常事件信息，使用 Stacing 集成模型可以高效地实现对列车下一站到达晚点时间的精准预测。在高速铁路实际运营中，可根据现场实际情况，选择合适的模型进行晚点时间预测，为调度员制定合理的优化调整方案提供充分时间和辅助决策，尽可能降低晚点传播带来的负面影响，进一步提高列车运行的可靠性和准时性。

4.6　小　结

本章提出了一种基于 Stacking 的考虑非正常事件特征的高速列车到达晚点预测模型，并使用在 W-G 线上发生次数最多的前 5 类非正常事件所产生的到达晚点数据对模型进行了训练和评估。结果表明 Stacking 集成模型能很好地自动学习出列车到达晚点与铁路系统内外各类特征之间的联系，模型的预测性能优于其他单一模型，特别是对于超过 20min 的大晚点事件，预测准确率 C_1、C_3 和

C_5均达到50%、70%和80%以上。同时本章验证了BO-XGBoost算法和Stacking集成模型各自适合的晚点预测场景。在高速铁路实际运营中可根据现场实际情况,选择合适的模型进行及时的晚点预测,为调度员制定合理的优化调整方案提供充分时间和辅助决策,尽可能降低晚点传播带来的负面影响,进一步提高列车运行的可靠性和准时性。

第 5 章 非正常事件下路网能力评估方法

在网络化运营条件下,非正常事件的发生给车站、线路、区域网络的运营带来严重负面影响,导致运量与运能失衡,给高速列车的行车组织和运营计划造成困扰。如何在考虑非正常事件影响的情况下,从"点-线-面"的角度,综合评估车站、区间、线网能力以及路网能力瓶颈成为难点。本章从非正常事件延误特性分析出发,构建了考虑非正常事件动态不确定影响特征的高速铁路车站、区间、线网能力计算方法,建立了基于谱聚类算法的路网能力瓶颈辨识方法,形成了非正常事件下路网能力评估理论,为非正常事件下调度策略的生成提供决策支持。

5.1 非正常事件下路网能力评估方法框架

铁路运输能力的研究贯穿铁路运输系统的规划、设计、建设、管理、改扩建各个阶段,是铁路运输生产系统中的重要环节。明确铁路运输能力的定义是进行铁路运输能力评估的前提,铁路运输能力一般采用通过能力和输送能力两种概念。本书将铁路通过能力定义为:在一定的机车、车辆类型和行车组织方法的条件下,以固定设备在单位时间内(通常指一昼夜)能放行通过的标准重量的最大列车数或列车对数。本文将输送能力定义为:在一定的固定设备、一定的机车、车辆类型和一定的行车组织方法的条件下,根据活动设备(机车车辆)数量和职工配备情况,在单位时间内最多能够输送的列车对数、列车数或货物吨数。

本章从"点-线-面"的角度,考虑非正常事件动态不确定影响特征,结合非正常事件下铁路车站和区间能力计算方法,构建出适用于非正常事件下的高速铁路线网能力计算、瓶颈辨识和能力保持的全新一体化理论方法框架,如图 5-1 所示。

第5章 非正常事件下路网能力评估方法

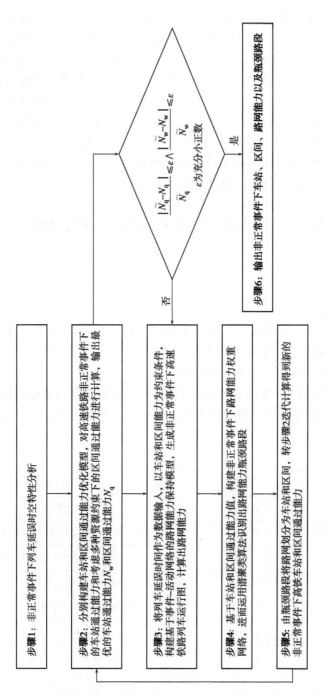

图5-1 非正常事件下路网能力评估方法框架

首先,针对非正常事件延误特性和延误场景分别建立了车站和区间能力优化模型,对高速铁路非正常事件下的车站通过能力和考虑多种资源约束下的区间通过能力进行计算,输出最优的车站和区间通过能力值;其次,将列车延误时间作为数据输入,以车站和区间能力为约束条件,构建了基于事件-活动网络的路网能力保持模型,生成非正常事件下高铁列车运行图,计算出路网能力;最后,基于车站和区间通过能力值,构建非正常事件下路网能力权重网络,运用谱聚类算法识别出路网能力瓶颈路段。此外,由瓶颈路段将路网划分为区间和车站,进一步迭代计算非正常事件下高铁车站和区间通过能力,实现车站、区间能力的闭环反馈,迭代提升路网能力,实现路网能力精准估计。

5.2 非正常事件下车站能力计算方法

5.2.1 问题描述

1) 车站非正常事件描述

不同类型、不同程度的非正常事件会差别化地影响列车在站作业过程,因此需要对非正常事件进行情景划分和时长估计。

(1) 车站非正常事件分类及情景划分。

列车在到发线和咽喉区的作业性质不同,故本章在既有铁路事故致因分类的基础上,将车站非正常事件分为到发线类事件和咽喉类事件2大类,如表5-1所示。

车站非正常事件分类　　　　　　　　表5-1

类　　别		非正常事件因素描述
到发线类事件	车载事件	ATP故障等
	车辆事件	列车零件故障,如轴温异常、漏油
	人员事件	疏散超员人员、工作人员迟到等
	供电事件	接触网故障、受电弓故障等
	信号事件	信号机故障、光带异常、信号丢失等
	异物事件	异物侵入
	其他	车辆碰撞、冒进、火灾等
咽喉类事件	道岔事件	道岔无表示、道岔抢修等

考虑到对列车在站作业过程的干扰后果,将非正常事件进一步细分为以下3种情景。情景A:到发线临时不允许列车进入,需要重新为列车安排到发线及相关接发车进路,如信号机故障、光带异常、异物侵入。情景B:列车超时占用到发线(长于图定停站时间)不能离开,既包括列车进站后发生的事件,如疏散超员人员、ATP故障,亦包括在区间已发生但可待进站后再处理的事件,如列车零件故障。情景C:咽喉区道岔临时不允许列车通过,原定经由该道岔接发的列车需要重新排列接发车进路,如道岔无表示、道岔抢修。

(2)非正常事件持续时长分析。

威布尔分布广泛应用于寿命分析和可靠性分析[20],引入威布尔分布对各类型非正常事件的持续时长进行分布拟合与检验。威布尔分布的概率密度为:

$$f(x;\lambda,k) = \begin{cases} \frac{k}{\lambda}\left(\frac{x}{\lambda}\right)^{k-1} e^{-\left(\frac{x}{\lambda}\right)^k} & x \geq 0 \\ 0, x < 0 \end{cases} \tag{5-1}$$

其中:x 是随机变量;λ 是比例参数;k 是形状参数。

选取2016年1月至2019年3月京广高铁线路上14个车站的非正常事件数据进行验证和参数标定。共计有650条非正常事件数据,剔除无效数据后,得到有效数据629条。对非正常事件进行分类后,选取样本量大于50的非正常事件类型进行威布尔分布拟合,得到持续时长拟合效果如图5-2所示:在到发线类事件中,车载事件和人员事件的持续时长集中在0~20 min;而车辆事件和供电事件的持续时长集中在0~40 min;咽喉类事件持续时长分布相对均衡。

各类型非正常事件持续时间的威布尔分布结果如表5-2所示。结果表明:各类型非正常事件的持续时长均能通过K-S检验,期望用于非正常事件持续时长的时间标准。

威布尔分布结果 表5-2

参数类型	车载事件	车辆事件	人员事件	供电事件	到发线类事件	咽喉类事件
差值参数 D	0.1170	0.0449	0.0989	0.1129	0.0570	0.0786
概率参数 p	0.1161	0.9074	0.5365	0.4987	0.0893	0.3454
形状参数 k	1.2104	1.1685	1.3092	1.3207	1.2159	1.2159
比例参数 λ	23.2345	25.7605	21.8746	35.1389	26.8084	26.8084
期望 μ(min)	21.7981	24.4051	20.1746	32.3529	25.1339	34.2958

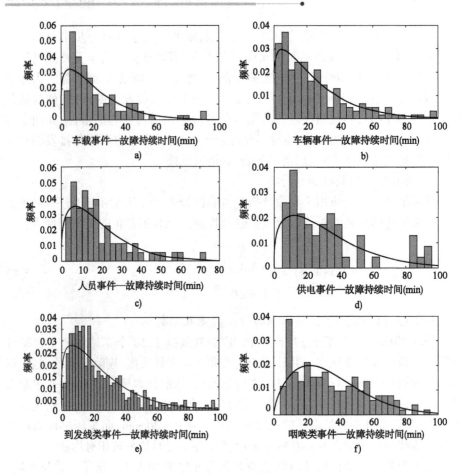

图5-2 各类型非正常事件持续时间拟合结果

2)非正常事件下高铁车站能力计算描述

本节研究的车站通过能力为非正常事件下高速铁路客运站通过能力,即从非正常事件开始发生至恢复车站正常运营时段内车站所能接发的最大列车数。车站正常运营需要同时具备以下两要素:①非正常事件结束;②列车能按图定运行图行车。同时,在时刻表内列车数确定的前提下,计算车站通过能力即确定车站能力计算时段 T。

对于小干扰事件,如图5-3中a)所示,车站能力计算时段 T 即为非正常事件发生时段,即 $T = t_{end} - t_{start} \geq \xi + l$,其中,$\xi$ 表示调度策略生成时段,l 表示调度调整时段。当非正常事件发生时,列车调度员需要快速生成调度策略并发布,因此调度策略执行时间点为 $t_{start} + \xi$。而在非正常事件结束前,列车已恢复

第5章 非正常事件下路网能力评估方法

按图定运行图行车;对于一般干扰事件,如图 5-3 中 b)所示,车站能力计算时段 T 包括非正常事件发生时段和恢复时段两部分,即 $T = t_{end} - t_{start} = \xi + l$,即使非正常事件已结束,但车站作业秩序已被打乱,仍需要一定的时间以恢复列车按图行车。

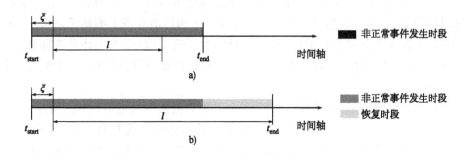

图 5-3 车站能力计算时段示意图

车站通过能力受多种因素影响,可分为以下 4 类。①车站设备:咽喉区长度、道岔型号、到发线数量、信号设备等。②车站作业参数及标准:信号控制时间标准、咽喉及到发线通过占用时间、列车技术作业流程及标准等。③运输需求特征:列车类型及比例、列车速度等级等。④车站作业方案:咽喉进路使用方案、到发线使用方案、列车接发顺序、列车停站时间。

因此,基于列车时刻表模拟列车在站作业过程,以车站设备、车站作业参数及标准、运输需求特征及车站作业方案为固有输入条件,以非正常事件情景和时长估计为动态输入条件,经过满足作业进路及非正常事件等约束条件的模型计算后,输出车站通过能力以及能力运用下的车站作业方案。

5.2.2 非正常事件下车站通过能力计算模型

1)模型假设条件

为简化问题,作出以下假设:

(1)模型中的车站只办理动车组旅客列车作业,不办理普速旅客列车作业。

(2)模型只分析车站通过能力,不考虑区间通过能力对车站通过能力的制约。

(3)模型中已知列车种类、列车图定到发时刻以及图定进路作业方案。

(4)模型中不考虑事件发生和结束后的列车限速规则,所有列车严格按照作业进路时间标准进行作业。

2) 符号定义

K 为车站到达和出发的列车集合，$k, h \in K$；K^0 表示通过不停站列车集合；K^* 表示需要超时占用到发线的列车集合。O 为列车作业集合，$o_k^i, o_h^j \in O$，其中 k, h 代表对应的列车，$i, j \in \{1,2\}$，取 1 代表接车作业，取 2 代表发车作业。

对于通过列车，其通过进路可看成接车进路和发车进路的组合。Y 为咽喉区进路集合，$y \in Y$。N 为到发线集合，$n \in N$。a_{yn} 为取值 0 或 1 的指示参量，表示咽喉区进路 y 和到发线 n 的连通性，连通取 1，不连通取 0。R 为作业进路集合，$r \in R$，r_{yn} 表示由咽喉区进路 y 和到发线 n 组成的作业进路，仅当 $a_{yn}=1$ 时，r_{yn} 具有实际意义。

C 为车站轨道电路区段集合，C_r 表示进路 r 包含的轨道电路区段集合，$c \in C = C^n \cup C^p$，C^n、C^p 分别表示到发线、咽喉区轨道电路区段集合，每一条进路在建立时需要依次占用多个轨道电路区段。C^{n*}、C^{p*} 分别表示受影响的到发线、咽喉区轨道电路区段集合。

θ_{k_1}、θ_{k_2} 分别表示列车图定到达时刻和图定出发时刻。d_k、D_k 分别表示列车 k 的最小停站时间和最大停站时间。$l_{\text{mot},c}^{\text{start}}$、$l_{\text{mot},c}^{\text{end}}$ 分别表示非正常事件开始时刻和结束时刻，δ_{mot} 表示非正常事件持续时长，$\delta_{\text{mot}} = l_{\text{mot},c}^{\text{end}} - l_{\text{mot},c}^{\text{start}}$。

信号控制方式采用"一次锁闭，分段解锁"模式，过程如图 5-4 所示，$g_{k_i,c}$、$f_{k_i,c}$ 分别表示轨道电路区段 c 锁闭时刻、解锁时刻与列车到发时刻 t_{k_i} 之差，其中 k_1 代表列车 k 接车作业，k_2 代表列车 k 发车作业。M 为一足够大的正数。

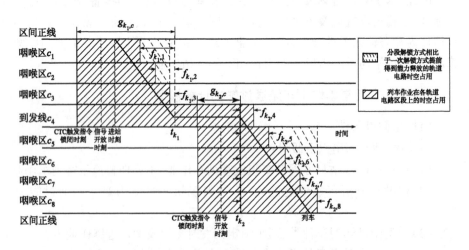

图 5-4 分段解锁下列车作业占用轨道电路区段的锁闭与解锁过程

此外，定义如表5-3所示变量。

模型变量及含义　　　　　　　　　　　表5-3

变　量	含　义
t_{k_1}	列车 k 的实际到达时刻
t_{k_2}	列车 k 的实际出发时刻
$s_{o_k^i,c}$	作业 o_k^i 进路上轨道电路区段 c 的锁闭时刻
$e_{o_k^i,c}$	作业 o_k^i 进路上轨道电路区段 c 的解锁时刻
$x_{o_k^i,r_{yn}}$	0-1 变量，作业 o_k^i 选择进路 r_{yn} 取 1，否则取 0
$w_{o_k^i,y}$	0-1 变量，作业 o_k^i 选择咽喉区进路 y 取 1，否则取 0
$v_{o_k^i,n}$	0-1 变量，作业 o_k^i 选择到发线 n 取 1，否则取 0
$u_{o_k^i,o_h^j}^c$	0-1 变量，作业 o_k^i 先于作业 o_h^j 锁闭进路上轨道电路区段 c 时取 1，否则取 0
$u_{\mathrm{mot},o_k^i}^c$	0-1 变量，非正常事件发生时刻先于作业 o_k^i 进路上轨道电路区段 c 锁闭时刻取 1，否则取 0

3）模型约束条件。

（1）非正常事件约束。

在情景 A 和情景 C 中，受影响的轨道电路区段在非正常事件发生期间不允许列车占用，直至恢复正常。在情景 B 中，列车在站停留时间受到影响。此外，若列车进站速度受到影响，需为列车重新计算 $f_{k_i,c}$。因此，不同情景的非正常事件约束如下：

① 情景 A 非正常事件约束为：

$$(1 - u_{\mathrm{mot},o_k^1}^c) \times M + s_{o_k^1,c} - l_{\mathrm{mot},c}^{\mathrm{end}} \geq 0 \quad \forall k \in K, c \in C^{n*} \quad (5\text{-}2)$$

$$u_{\mathrm{mot},o_k^1}^c \times M + l_{\mathrm{mot},c}^{\mathrm{start}} - e_{o_k^2,c} \geq 0 \quad \forall k \in K, c \in C^{n*} \quad (5\text{-}3)$$

式(5-2)和式(5-3)表示列车作业与情景 A 下到发线类非正常事件的时空冲突疏解关系。具体地，式(5-2)保证到发线恢复正常后接入该到发线的列车，其接车进路中到发线轨道电路区段的锁闭时刻不早于非正常事件结束时刻；式(5-3)保证到发线事件发生时刻之前接入该到发线的列车，其发车进路中到发线轨道电路区段的解锁时刻不晚于非正常事件开始时刻。

② 情景 B 非正常事件约束为：

$$t_{k_2} - t_{k_1} = \delta_{\mathrm{mot}} \quad \forall k \in K^* \quad (5\text{-}4)$$

$$t_{k_2} = l_{\mathrm{mot},c}^{\mathrm{end}} \quad \forall k \in K^* \quad (5\text{-}5)$$

$$t_{k_1} = l_{\mathrm{mot},c}^{\mathrm{start}} \quad \forall k \in K^* \quad (5\text{-}6)$$

式(5-4)表示列车占用到发线的时长,式(5-5)、式(5-6)保证列车到发时刻与非正常事件吻合。

③情景 C 非正常事件约束为:

$$(1 - u_{mot,o_k^i}^c) \times M + s_{o_k^i,c} - l_{mot,c}^{end} \geq 0 \quad \forall k \in K, c \in C^{p*}, i \in \{1,2\} \quad (5-7)$$

$$u_{mot,o_k^i}^c \times M + l_{mot,c}^{start} - e_{o_k^i,c} \geq 0 \quad \forall k \in K, c \in C^{p*}, i \in \{1,2\} \quad (5-8)$$

式(5-7)、式(5-8)表示车站作业进路与咽喉类事件的时空疏解关系。与情景 A 不同,咽喉类事件仅影响列车的接车作业或发车作业。式(5-7)保证咽喉区轨道电路区段恢复正常后通过的列车,其作业进路上轨道电路区段的锁闭时刻不早于非正常事件结束时刻;式(5-8)保证咽喉类事件发生时刻之前通过轨道电路区段的列车,其作业进路上轨道电路区段的解锁时刻不晚于非正常事件开始时刻。

(2)列车在站作业约束。

①进路占用唯一性为:

$$\sum_{y \in Y_i} \sum_{n \in N} a_{yn} \times x_{o_k^i, r_{yn}} = 1 \quad \forall k \in K, i \in \{1,2\} \quad (5-9)$$

式(5-9)保证每一列车有且选择一条接车进路和一条发车进路。

②到发线占用唯一性为:

$$v_{o_k^i, n} = \sum_{y \in Y_i} a_{yn} \times x_{o_k^i, r_{yn}} \quad \forall k \in K, i \in \{1,2\} \quad (5-10)$$

式(5-10)保证列车作业进路对应唯一的到发线[23]。

③接发车进路连续性为:

$$v_{o_k^1, n} = v_{o_k^2, n} \quad \forall k \in K, n \in N \quad (5-11)$$

式(5-11)保证同一列车的接车进路和发车进路必须占用相同到发线,使得列车作业 o_k^1 和 o_k^2 连续,形成完整的列车过站径路。

④轨道电路区段锁闭与解锁约束时刻为:

$$(1 - x_{o_k^i, r_{yn}}) \times M + s_{o_k^i, c} \geq t_{k_i} + g_{k_i, c} \quad \forall k \in K, c \in C_r, r_{yn} \in R, i \in \{1,2\}$$
$$(5-12)$$

$$s_{o_k^i, c} + (x_{o_k^i, r_{yn}} - 1) \times M \leq t_{k_i} + g_{k_i, c} \quad \forall k \in K, c \in C_r, r_{yn} \in R, i \in \{1,2\}$$
$$(5-13)$$

$$(1 - x_{o_k^i, r_{yn}}) \times M + e_{o_k^i, c} \geq t_{k_i} + f_{k_i, c} \quad \forall k \in K, c \in C_r, r_{yn} \in R, i \in \{1,2\}$$
$$(5-14)$$

$$e_{o_k^i, c} + (x_{o_k^i, r_{yn}} - 1) \times M \leq t_{k_i} + f_{k_i, c} \quad \forall k \in K, c \in C_r, r_{yn} \in R, i \in \{1,2\}$$
$$(5-15)$$

式(5-12)~式(5-15)保证列车进路上各轨道电路区段的锁闭与解锁时刻符合一定的信号控制方式。

⑤列车作业时间约束为：

$$t_{k_1} \geq \theta_{k_1} \quad \forall k \in K \quad (5-16)$$

$$t_{k_2} \geq \theta_{k_2} \quad \forall k \in K \quad (5-17)$$

$$t_{k_2} - t_{k_1} = 0 \quad \forall k \in K^0 \quad (5-18)$$

$$d_k \leq t_{k_2} - t_{k_1} \leq D_k \quad \forall k \in \{K - K^0 - K'\} \quad (5-19)$$

式(5-16)、式(5-17)保证列车到发时刻仅允许正点或延迟，式(5-18)保证通过列车不停站，式(5-19)表示停站列车的停站时间须符合最小、最大停站时间要求。

⑥咽喉占用相容性约束为：

$$(3 - u^c_{o^i_k,o^j_h} - x_{o^i_k,r_{yn}} - x_{o^j_h,r'_{yn}}) \times M + s_{o^j_h,c} - e_{o^i_k,c} \geq 0 \quad (5-20)$$

$$\forall k,h \in K, k \neq h, c \in C^p, r_{yn}, r'_{yn} \in R, i,j \in \{1,2\}$$

$$(2 + u^c_{o^i_k,o^j_h} - x_{o^i_k,r_{yn}} - x_{o^j_h,r'_{yn}}) \times M - e_{o^j_h,c} + s_{o^i_k,c} \geq 0 \quad (5-21)$$

$$\forall k,h \in K, k \neq h, c \in C^p, r_{yn}, r'_{yn} \in R, i,j \in \{1,2\}$$

式(5-20)、式(5-21)保证不同列车占用同一咽喉区轨道电路区段时，后一列车作业进路上轨道电路区段的锁闭时刻不早于前一列车在该处的解锁时刻。

⑦到发线相容性约束为：

$$(3 - u^c_{o^1_k,o^1_h} - x_{o^2_k,r_{yn}} - x_{o^1_h,r'_{yn}}) \times M + s_{o^1_h,c} - e_{o^2_k,c} \geq 0 \quad \forall k,h \in K, k \neq h, c \in C^n, r_{yn}, r'_{yn} \in R$$

$$(5-22)$$

$$(2 + u^c_{o^1_k,o^1_h} - x_{o^1_k,r_{yn}} - x_{o^2_h,r'_{yn}}) \times M - e_{o^2_h,c} + s_{o^1_k,c} \geq 0 \quad \forall k,h \in K, k \neq h, c \in C^n, r_{yn}, r'_{yn} \in R$$

$$(5-23)$$

式(5-22)、式(5-23)保证不同列车占用同一到发线轨道电路区段时，后一列车接车进路上到发线轨道电路区段的锁闭时刻不早于前一列车发车进路上在该处的解锁时刻。

4）模型目标函数

模型在实现恢复时段尽可能小的前提下，还需要尽可能贴近图定车站作业方案，减少非正常事件对车站作业造成的影响。模型的优化目标如下：

一是列车总晚点时间最短：

$$\min Z_1 = \sum_{k \in K}(t_{k_1} - \theta_{k_1}) + \sum_{k \in K}(t_{k_2} - \theta_{k_2}) \quad (5-24)$$

二是列车作业进路总权重最大：

$$\max Z_2 = \sum_{k \in K} \sum_{r \in R} b_{o_k^1, r} \times x_{o_k^1, r_{yn}} + \sum_{k \in K} \sum_{r \in R} b_{o_k^2, r} \times x_{o_k^2, r_{yn}} \tag{5-25}$$

其中:$b_{o_k^i,r}$ 表示作业 o_k^i 选择进路 r 的权重,越靠近图定进路排列方案,权重值越大。若与图定进路方案一致,$b_{o_k^i,r} = b_1$;若仅到发线运用方案一致,但咽喉区进路不一致,$b_{o_k^i,r} = b_2$;若仅咽喉区进路一致,但到发线运用方案不一致,$b_{o_k^i,r} = b_3$;若与咽喉区进路和到发线运用方案均不一致,$b_{o_k^i,r} = b_4$,$0 < b_4 < b_3 < b_2 < b_1$。

需要注意的是,为符合车站实际作业方式,应首先满足目标一再满足目标二,即确保列车总晚点时分最小的情况下尽可能为列车排列图定进路方案。

5.2.3 模型求解

上述模型是一个双目标的混合整数规划模型,需要对列车咽喉区进路、到发线运用方案、接发顺序以及作业时间进行选择,以实现双目标最优。针对双目标函数,Gurobi 优化工具软件可设置优先级顺序进行分层优化。本节利用 Python 编程软件调用 Gurobi 优化工具进行模型求解,模型求解过程如图 5-5 所示。

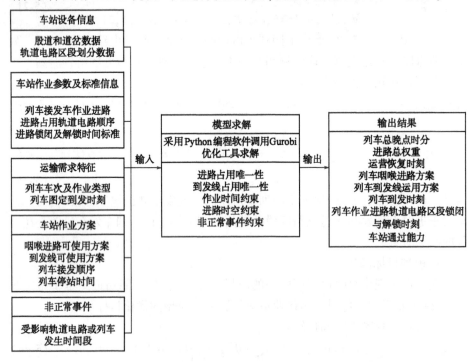

图 5-5 模型求解过程

模型输出结果除目标函数中提到的列车总晚点时分和进路总权重外,还可以得到运营恢复时刻、列车咽喉进路方案、到发线运用方案、列车到发时刻、列车作业进路轨道电路区段锁闭及解锁时刻以及计算车站通过能力值。此外,非正常事件开始时刻与运营恢复时刻均以 10min 为最小计算单位,不足 10min 时按 10min 计算,故得到非正常事件下车站通过能力为:

$$Q = \frac{\tau}{T} \tag{5-26}$$

其中,Q 表示非正常事件下车站通过能力;τ 表示计算时段内列车数。

5.2.4 算例验证

选取京广高铁株洲西站为例进行验证,株洲西站主要办理列车通过、停站作业,结合非正常事件 3 类情景和时长期望,求解非正常事件下车站通过能力。

1)株洲西站数据

根据株洲西站站场实际布置图得到基于轨道电路区段的站场示意图,如图 5-6 所示。车站轨道电路区段共编号 21 节,其中 1~14 节为咽喉区轨道电路区段,15~21 节为到发线轨道电路区段,7 节因无客运设备不办理旅客乘降业务,得到车站作业进路关系表如表 5-4 所示。

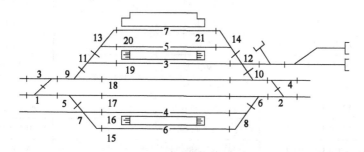

图 5-6 基于轨道电路区段的株洲西站站场图(图中字母及数字为轨道及道岔编号)

车站作业进路关系表　　　　　　　　表 5-4

方向	接车作业		发车作业
	咽喉区进路	可连通到发线	咽喉区进路
上行	2-6-8	15、16	7-5-1
	2-4-10-12	19	11-9-3-1
	2-4-10-12-14	20	13-11-9-3-1
	2-6	17	5-1

95

续上表

方向	接车作业		发车作业
	咽喉区进路	可连通到发线	咽喉区进路
下行	3-9-11	19	12-10-4
	3-9-11-13	20（、21）	14-12-10-4
	3-9	18	10-4

2）模型参数设置

(1) 列车作业时间参数设置。

取 13:00—16:00 列车作业计划，包括列车车次、作业类型、图定作业时间和图定进路。设置可行进路集方案供列车选择，以实现车站整体作业优化，设置 $d_k = 120s$，此为旅客乘降所需最短时间。

(2) 基于轨道电路区段的锁闭与解锁时间设置。

根据列车长度与轨道电路区段里程，考虑站内限速 80km/h，模拟加速和减速过程，得到列车通过每一轨道电路区段的解锁时间差 $f_{k_i,c}$，如表 5-5 所示。

分段解锁下的株洲西站列车作业及轨道电路区段解锁时间表　　表 5-5

车站列车作业径路	轨道电路区段解锁时间(s)		
	咽喉区进路	到发线	咽喉区进路
2-6-17-5-1	-6;-2	7	10;20
3-9-18-10-4	-13;-2	7	18;20
2-6-8-15-7-5-1	-79;-67;-48	88	99;107;150
2-6-8-16-7-5-1	-79;-67;-48	88	99;107;150
2-4-10-12-19-11-9-3-1	-124;-120;-67;-48;	88	99;143;147;150
2-4-10-12-14-20-13-11-9-3-1	-124;-120;-67;-58;-34	81	94;101;144;147;150
3-9-11-13-20-14-12-10-4	-124;-68;-58;-34	85	93;99;140;147
3-9-11-19-12-10-4	-124;-68;-48	88	99;140;147

对于不同列车作业类型，停站列车提前 300s 锁闭接车进路，提前 120s 锁闭发车进路；通过列车前后进路提前 180s 同时解锁。

(3) 列车作业进路权重表设置。

根据 $0 < b_4 < b_3 < b_2 < b_1$，取 $b_1 = 10, b_2 = 1, b_3 = 0.1, b_4 = 0.01$，对时刻表内列车的可选进路方案定性赋值。

(4) 调度策略生成时段设置。

调度策略生成时段 ξ 取 300s。

3)求解结果

(1)正常情况下车站作业数据。

选取式(5-9)~式(5-23),输入13:00—15:00时刻表内列车作业数据,利用Python3.6调用Gurobi9.0.0,在处理器为Inter(R) Core(TM) i5-5200U 2.2GHz、内存为6GB的计算机上求解算法,得到车站各轨道电路区段的时间占用情况,如表5-6所示,其中时间占用比率等价于各轨道电路区段的能力利用率。

各轨道电路区段时间占用情况   表5-6

轨道电路区段	1	2	3	4	5	6	7	8	9	10
占用时长(s)	5520	4580	3672	4803	4772	4796	3504	4032	4224	4716
时间占用比率	0.77	0.64	0.51	0.67	0.66	0.67	0.49	0.56	0.59	0.66
轨道电路区段	11	12	13	14	15	16	17	18	19	20
占用时长(s)	2208	1971	1596	1278	3622	5178	1122	2415	1524	3030
时间占用比率	0.31	0.27	0.22	0.18	0.50	0.72	0.16	0.34	0.21	0.42

(2)非正常事件通过能力。

分别设置以下3种非正常事件情景求解车站通过能力:

①车站到发线5G股道于13:30发生情景A非正常事件。

选取式(5-2)~式(5-23),在相同环境下运行程序,程序运行时间为8.31s,列车总晚点时间为1836s,进路总权重为840.02;得到列车可在14:30前恢复按图定列车运行图行车,13:30至14:30期间接发列车数为23列,即车站通过能力为23列/h。可用手机扫描二维码查看各轨道电路区段的时空占用情况,相同颜色的矩形代表同一列车,水平方向表示轨道电路区段锁闭时刻至解锁时刻的持续时长,非正常事件用红色标签标记,延误列车(G5113、G1013、G423、G1145、G1165、G2305、G1505)用蓝色标签标记,进路重排列车(G6037)用灰色标记。

②情景B非正常事件:列车G6037于图定到站时间13:37停车后需超时占用到发线25min。

选取式(5-2)~式(5-23)在相同环境下运行程序,程序运行时间为207.13s,列车总晚点时间为8148s,进路总权重为800.06;得到列车可在15:00前恢复按图定列车运行图行车,13:30至15:00期间接发列车数为33列,即车站通过能力为22列/小时。可用手机扫描二维码查看各轨道电路区段的时空占用情况,G6037用红色标签标记,延误列车(G1165、G2305、G1145、G1505、G73、G537、G1503)用蓝色标签标记,延误且进路重排列的列车(G1013、G2305、

情景A:非正常事件下轨道电路区段时空占用情况

97

G423)用绿色标签标记。

③车站咽喉区 11 号轨道电路区段于 13:00 发生情景 C 非正常事件

选取式(5-2)～式(5-23)在相同环境下运行程序,程序运行时间为 30.15s,列车总晚点时间为 10382s,进路总权重为 700.16;得到列车可在 14:30 前恢复按图定列车运行图行车,13:00 至 14:30 期间接发列车数为 33 列,即车站通过能力为 22 列/小时。可用手机扫描二维码查看各轨道电路区段的时空占用情况,非正常事件用红色标签标记,延误列车(G1703、G1545)用蓝色标签标记,进路重排列的列车(G1145)用灰色标签标记,延误且进路重排列的列车(G1403、G5113、G423、G6037、G1013、G1165、G2305)用绿色标签标记。

情景 B:非正常事件下轨道　　情景 C:非正常事件下轨道
电路区段时空占用情况　　　电路区段时空占用情况

此外,模拟多种情景的非正常事件,输出车站通过能力和总晚点时间如表 5-7 所示。

非正常事件下株洲西站车站通过能力　　表 5-7

组	区域	事件编号	轨道电路区段	情景	发生时刻或列车	恢复时刻	总晚点时间(s)	通过能力(列/h)
1	到发线	1-1	16	A	13:00	14:00	760	21
		1-2	15			14:00	760	21
		1-3	20			13:30	0	22
		1-4	19			13:30	0	22
2	到发线	2-1	16	A	13:30	15:00	22576	22
		2-2	15			14:40	14836	22
		2-3	20			14:30	1836	23
		2-4	19			14:30	1833	23
3	到发线	3-1	16	B	13:14/G1112	14:50	3380	21
		3-2	15		13:34/G68	14:50	2190	24
		3-3	20		13:01/G1403	13:50	642	20
		3-4	19		13:51/G5113	15:00	4704	23

第5章 非正常事件下路网能力评估方法

续上表

组	区域	事件编号	轨道电路区段	情景	发生时刻或列车	恢复时刻	总晚点时间（s）	通过能力（列/h）
4	咽喉区	5-1	9	C	13:00	14:50	26707	21
		5-2	8			14:40	19537	21
		5-3	7			14:20	10382	22
		5-4	11			14:20	6510	22
5	咽喉区	6-1	11	C	13:30	15:20	26599	21
		6-2	12			15:10	17065	22
		6-3	13			15:10	5238	22
		6-4	14			15:00	5555	22

由表5-7分析可得：

(1) 相同情景、相同发生时刻的非正常事件下，车站通过能力、恢复时刻以及列车总晚点时间与正常情况下轨道电路区段的能力利用率有一定关系：能力利用率越高的轨道线路区段异常时，会导致车站通过能力越小、恢复时段更长、列车总晚点时间更长。

(2) 咽喉类非正常事件对车站作业秩序的影响显著高于到发线类事件，表现在恢复时段以及列车总晚点时间更长。原因在于：咽喉类事件持续时长期望较到发线类事件更长，且咽喉区流线交叉复杂导致进路时空疏解受干扰更严重。

4）模型适应性分析

本节构建的模型不仅适用于采用分段解锁信号控制方式的高铁车站，也适用于采取一次解锁信号控制方式的车站。模拟采用一次解锁的控制方式，得到两种解锁方式下的车站通过能力、正常运营恢复时刻和总晚点时间，如表5-8所示。

不同解锁方式下的非正常事件车站通过能力对比表 表5-8

情景	轨道电路区段	发生时刻或列车	一次解锁			分段解锁		
			能力（列/h）	恢复时刻	总晚点时间（s）	能力（列/h）	恢复时刻	总晚点时间（s）
A	16	13:00	21	14:40	7154	21	14:00	760
A	20	13:00	21	14:30	3825	22	13:30	0
B	16	13:14/G1112	21	14:50	4594	21	14:50	3380
B	15	13:51/G5113	21	15:00	4786	21	15:00	4704
C	7	13:00	21	14:40	8090	22	14:20	6510
C	14	13:30	21	15:30	8124	22	15:00	5055

由表 5-8 可知，分段解锁方式相比一次解锁方式的优势体现在两方面：一是车站通过能力更大；二是恢复时刻更早，列车总晚点时间更短。因此，在非正常事件下，考虑分段解锁的车站控制方式使得能力计算结果更准确、更切合车站实际作业情况。分段解锁方式可以通过提前释放咽喉区轨道电路区段能力提高车站作业效率，增强车站晚点吸收能力，有利于非正常事件下的车站作业秩序恢复。

5.3 考虑多种资源约束的铁路运输能力计算方法

5.3.1 铁路能力计算模型

本书研究的铁路运输能力计算问题是在给定铁路网拓扑、运行图标尺和追踪间隔时间、车站股道占用间隔时间、动车组数量、立即折返最小接续时间等条件下，计算当前铁路区段一昼夜内各方向最多可以开行的列车总数。为此，本书给出了一种以给定的基本运行图为框架，以运行图铺画规则、股道运用规则与动车组运用规则为约束条件，向其中插入虚拟列车至"满图"的铁路运输能力计算方法。该方法可根据涉及的运输资源类别进一步划分为运行图铺画、股道分配、动车组接续 3 个子问题，三者之间存在关联关系。

1）符号说明

定义集合与元素如下：s 为车站，Γ 为车站集合，$s \in \Gamma$；e 为区间，Π 为区间集合，$e \in \Pi$；f 为列车，F 为列车全集，$f \in F$；F^B 为基本图列车集合；$F_0^+ \subset F$ 表示动车组出段空车底，$F_0^- \subset F$ 表示动车组入段空车底；Γ_f 表示列车 f 运行路径上的车站集合；Π_f 表示列车 f 运行路径上的区间集合；s^- 与 s^+ 分别表示区间 e 的起始车站和终止车站；δ_f 与 ω_f 分别表示列车 f 的始发和终到车站；k 为股道，K^s 为车站 s 的股道集合；K_f^s 为若列车 f 在车站 s 停站，可选择的股道（到发线）集合；$\overline{K}_f^s$ 表示若列车 f 在车站 s 不停站，可选择的股道（车站正线）集合。

定义参数如下（本章所有的时间单位均为 min）：M 为较大的常数（在实际计算中取值可稍大于总运营时间长度）；E_f 与 L_f 分别表示列车 f 在始发站的最早和最晚出发时刻；R^e、A^e 与 D^e 分别表示列车在区间 e 的纯运行时间、起动附加时分与停车附加时间；$H_{f,f'}^e$ 表示列车 f' 在区间 e 追踪列车 f 运行时的间隔时间；P_f^s 表示列车 f 在车站 s 的最小停站时间；τ_k 表示股道占用的最小间隔时间；$c_{f,f'}^s$ 表示列车 f 与列车 f' 使用同一动车组在车站 s 的最小接续时间。

定义决策变量如下：F^* 表示被选中铺画的列车集合，a_f^s 与 d_f^s 为整数变量，表示列车 f 在车站 s 的到达和出发时刻；z_f^s 为 0-1 变量，取 1 时表示列车 f 在车站 s 停站，取 0 时反之；$u_{f,f'}^s$ 为 0-1 变量，取 1 时表示列车 f 先于列车 f' 到达车站 s，取 0 时反之；$b_{f,f'}^s$ 为 0-1 变量，取 1 时表示担当列车 f 的动车组在车站 s 立即折返，紧接着担当列车 f'；x_f^k 为 0-1 变量，取 1 时表示列车 f 选择股道 k。

2）列车运行图子问题

列车运行图问题的主要决策变量是列车在各车站的到达和出发时刻。从能力利用的角度看，列车运行图的铺画是对铁路区间时空资源的优化分配。此处，使用以下约束条件刻画列车运行图问题变量间的关联关系。

$$E_f \leq d_f^{\delta_f} \leq L_f \qquad \forall f \in F^* \tag{5-27}$$

$$a_f^{se+} = d_f^{se-} + R^e + A^e \times z_f^{se-} + D^e \times z_f^{se+} \qquad \forall f \in F^*, e \in \Pi_f \tag{5-28}$$

$$d_f^s - a_f^s \leq M \times z_f^s \qquad \forall f \in F^*, s \in \Gamma_f \tag{5-29}$$

$$d_f^s - a_f^s \geq P_f^s \qquad \forall f \in F^*, s \in \Gamma_f \tag{5-30}$$

$$a_{f'}^s - a_f^s + (1 - u_{f,f'}^s) \times M \geq 0 \qquad \forall f \in F^*, f' \in F^* - f, s \in \Gamma_f \cap \Gamma_{f'} \tag{5-31}$$

$$u_{f,f'}^s + u_{f',f}^s = 1 \qquad \forall f \in F^*, f' \in F^* - f, s \in \Gamma_f \cap \Gamma_{f'} \tag{5-32}$$

$$d_{f'}^{se-} - d_f^{se-} + (1 - u_{f,f'}^{se-}) \times M \geq H_{f,f'}^{se-} \qquad \forall f \in F^*, f' \in F^* - f, e \in \Pi_f \cap \Pi_{f'} \tag{5-33}$$

$$a_{f'}^{se+} - a_f^{se+} + (1 - u_{f,f'}^{se+}) \times M \geq H_{f,f'}^{se+} \qquad \forall f \in F^*, f' \in F^* - f, e \in \Pi_f \cap \Pi_{f'} \tag{5-34}$$

式(5-27)为列车始发时间窗约束。式(5-28)为列车的区间运行时间约束，表示列车在前方站的到达时刻与后方站的出发时刻须满足区间运行时间标准，0-1 变量 z_f^s 决定了是否将起停附加时分累加在区间总运行时间中，体现了因停站方案不同导致的列车区间平均运行速度差异。式(5-29)构建了停站时间和变量 z_f^s 的一致性关系，表示列车因停站导致的列车旅行时间增加。式(5-30)表示列车最小停站时间约束。式(5-31)、式(5-32)表示列车到达车站次序变量 $u_{f,f'}^s$ 与列车到达车站时刻变量的一致性约束。式(5-33)、式(5-34)分别表示出发间隔时间和到达间隔时间约束，由于同向列车不允许在区间变更运行次序，因此约束式(5-33)亦采用 $u_{f,f'}^{se-}$ 来表示。列车在区间运行顺序利用 0-1 变量 $u_{f,f'}^{se+}$ 表示，意味着运行线可采用灵活越行的方式,以充分利用运输能力。

3) 动车组运用子问题

动车组运用的关键在于确定折返列车间的衔接关系,在数学上是一个 0-1 指派问题,是对有限的移动设备资源的时空调拨与分配。以下是动车组接续关系的基本约束。

$$\sum_{f' \in F: \delta_{f'}^s = s} b_{f,f'}^s = 1 \quad \forall s \in \Gamma, f \in F^* - F_0^- : \omega_f = s \quad (5\text{-}35)$$

$$\sum_{f \in F: \omega_f = s} b_{f,f'}^s = 1 \quad \forall s \in \Gamma, f \in F^* - F_0^+ : \delta_{f'} = s \quad (5\text{-}36)$$

$$d_{f'}^s - a_f^s + M \times (1 - b_{f,f'}^s) \geq c_{f,f'}^s \quad \forall s \in \Gamma, f \in F^*, f' \in F^* : \omega_f = \delta_{f'} = s \quad (5\text{-}37)$$

式(5-35)、式(5-36)确保动车组接续关系的唯一性,即对每 1 列车而言,有且只有 1 列前序列车和后续列车与其存在接续关系。其中,动车组出段的车底回空列车 F_0^+ 只需要满足式(5-37),动车组入段的车底回空列车 F_0^- 只需要满足式(5-35)。式(5-37)是最小接续时间标准约束,表示存在接续关系的列车对(即 $b_{f,f'}^s = 1$ 时)在动车组立即折返车站 s(即前序列车的终到站,也是后序列车的始发站),后序列车的始发时刻 $d_{f'}^s$ 与前序列车的终到时刻 a_f^s 之差不小于接续时间标准 $c_{f,f'}^s$,如图 5-7 所示。关于动车组出入段的组织在本章中暂不做具体讨论,因此动车段的能力抽象地表示为该动车段拥有的备选动车数量,体现在备选出入段列车集合 F_0^+ 与 F_0^- 中。

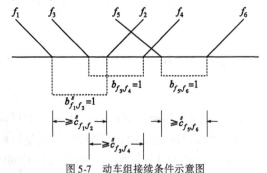

图 5-7 动车组接续条件示意图

4) 股道分配子问题

股道分配问题决策的内容是列车在各车站的股道选择,在保证股道占用不冲突的前提下,使股道利用的方案最优,是对车站股道这一时空资源进行的优化分配。股道分配问题的基本约束如下。

$$\sum_{k \in K_f^s} x_f^k = z_f^s \quad \forall f \in F^*, s \in \Gamma_f \quad (5\text{-}38)$$

$$\sum_{k \in \overline{K}_f^s} x_f^k = 1 - z_f^s \qquad \forall f \in F^*, s \in \Gamma_f \tag{5-39}$$

式(5-38)、式(5-39)表示列车股道选择的唯一性约束,列车若在当前车站停站,则须选择具备乘降条件的股道停站,否则须选择正线股道通过。

同时,股道的占用与列车的到达和出发时刻、动车组的接续关系有密切的关联,存在以下约束条件。

$$\begin{cases} a_{f'}^s - d_f^s + M \times (3 - u_{f,f'}^s - x_f^k - x_{f'}^k) \geqslant \tau_k \\ \forall f \in F^*, f' \in F^* - f, s \in \Gamma_f \cap \Gamma_{f'}, k \in K^s \end{cases} \tag{5-40}$$

式(5-40)表示中间站股道的占用间隔时间约束,即当两列车均选用同一股道 k 时,后行列车须在前行列车离开若干时间后才允许进入该股道,如图 5-8 中的 f_1 与 f_3 所示。

$$b_{f,f'}^s \leqslant 1 - x_f^k + x_{f'}^k \qquad \forall f \in F^*, f' \in F^*, s \in \{s \in \Gamma | \omega_f = \delta_{f'} = s\}, k \in K^s \tag{5-41}$$

$$b_{f,f'}^s \leqslant 1 - x_{f'}^k + x_f^k \qquad \forall f \in F^*, f' \in F^*, s \in \{s \in \Gamma | \omega_f = \delta_{f'} = s\}, k \in K^s \tag{5-42}$$

$$\begin{cases} a_{f''}^s - d_{f'}^s + M \times (4 - b_{f,f'}^s - u_{f,f''}^s - x_f^k - x_{f''}^k) \geqslant \tau_k \\ \forall f \in F^*, f' \in F^* - f, f'' \in F^* - f - f', s \in \Gamma^{f''} : \delta_f = \omega_{f'} = s, k \in K^s \end{cases} \tag{5-43}$$

式(5-41)、式(5-42)共同表示具有立即折返接续关系的列车在折返车站须选择同一条股道,即当 $b_{f,f'}^s = 1$ 时,$x_f^k = x_{f'}^k$。约束(5-43)表示始发终到站股道占用时间间隔约束,当两列车选择当前股道($x_f^k = x_{f''}^k = 1$)进行立即折返($b_{f,f'}^s = 1$),那么在列车 f 后接入该股道的列车 f'' 须在列车 f' 离开一定时间后才可进入,如图 5-8 中的 f_4、f_5 与 f_7。

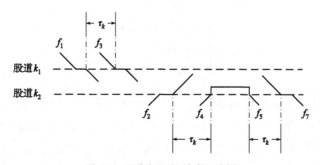

图 5-8 股道分配时间条件示意图

5) 铁路能力计算一体化模型

由运行图、车站股道分配、动车组运用 3 个子问题的数学模型可知,上述 3

个子问题共用部分决策变量,是子问题间互相关联的纽带,这些共用的决策变量体现了能力的组成要素间存在着相互作用、相互影响的耦合关系(图5-9)。

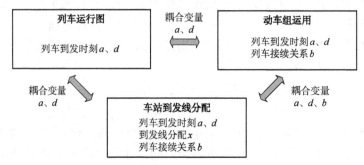

图5-9 能力影响要素互动关系示意图

耦合关系1:列车运行图与股道分配耦合关系。列车在车站的到达、出发时刻与列车进入、离开相应股道的时刻有对应关系。

耦合关系2:列车运行图与动车组接续耦合关系。具有立即折返接续关系的两列车,其前序列车的到达时刻与后序列车的出发时刻须满足动车组的接续时间标准。

耦合关系3:股道分配与动车组接续耦合关系。具有立即折返接续关系的两列车在立即折返车站必须分配在同一股道。

根据上述能力的影响要素及关联关系分析,可构建能力计算的一体化模型 P_1:

$$\begin{cases} \max ||F^*|| \\ \min \sum_{f \in F^*}(a_{\omega_f} - d_{\delta_f}) \end{cases}$$

$$\text{s.t.} \begin{cases} \text{式}(5\text{-}27) \sim \text{式}(5\text{-}43) \\ F^B \subseteq F^* \tag{5-44} \\ F^* \subseteq F \tag{5-45} \end{cases}$$

该模型的第1个目标函数为能力计算的主要目标,即尽可能多地在运行图中铺画满足约束条件的列车。其中集合 F^* 表示入选列车集合,是决策变量。第2个目标函数为次要目标,即在满足规划列车尽可能多的条件下,令获得的运行图尽可能紧凑。式(5-27)~式(5-34)为运行图子问题约束,式(5-35)、式(5-36)为动车组接续子问题约束,式(5-38)、式(5-39)为股道分配子问题的约束。式(5-37)与式(5-40)~(5-43)表示各子系统间关联关系的耦合约束。式(5-44)表示所有的基本图列车必须被铺画,式(5-45)表示入选列车须从可能被铺画的列车全集中选出。

5.3.2 能力计算分时段滚动压力测试算法

上述的能力计算模型存在约束 $F^* \subseteq F$,表示从列车全集中选择符合约束条件的列车进行铺画。由于运行线铺画的可能情况非常多,F^* 集合难以被穷举,因此在求解时采用压力测试算法,在基本运行图框架下(基本图中的运行线必须被铺画,但到发时刻可在给定范围内调整)不断加入新列车以扩充列车集合 F^*,最终可获得一个满线运行图,其中包含的列车数量 $||F^*||$ 即可视为城际铁路的能力,此方法被称作压力测试法。在扩充列车集合 F^* 时,首先依据停站方案比例,以一定的概率随机生成将要加入的虚拟列车集合 F^I,与已成功插入的列车合并生成待验证列车集合 F^Q,再使用混合整数规划模型 P_2 验证集合 F^Q 的可行性,若可行,则将这些虚拟列车加入集合 F^*,然后继续加车;若不可行,则认为当前的可行列车集合 F^* 即包含了可被铺画的所有列车,压力测试结束。其中数学规划模型 P_2 为:

$$\min g(F^Q) = \sum_{f \in F^Q}(a_{\omega_f} - d_{\delta_f})$$
$$\text{s.t.} \quad 式(5\text{-}27) \sim (5\text{-}44)$$

其中,F^Q 为待验证可行性的列车集合,用以替换各约束式中的 F^* 集合,表示测试 F^Q 是否满足式(5-27)~(5-44)。

上述数学规划模型是大规模的组合优化问题,直接计算全天的运行图存在困难。依据编图人员编制大规模列车运行图与动车组交路计划的经验,本章遵循"从前往后"顺次铺画的原则,设计了分时段滚动的求解算法。该算法设置了一个1小时的滚动时间窗,每次只"压力测试"求解该时间窗涉及的变量。当某时间窗求解完毕后,首先固定该时间窗内所有决策变量的值,然后平移该时间窗至下一位置继续进行压力测试求解,直至完成线路全天能力的压力测试能力计算,如图5-10所示。

具体实现步骤为:

步骤1:初始化。令 $n:=0$(n 为时间窗的序号),$F^{*(0)}:=\varnothing$。

步骤2:确定当前铺画的时间窗范围 $[t_n, t_{n+1}]$。

步骤3:筛选始发站出发时间范围与当前铺画时间窗范围有重叠的基本图列车,并将其添加至当前铺画时间窗的待验证列车集合中,即:

$$F^{Q(n)} := F^{*(n-1)} \cup \{f \in F^B | [t_n, t_{n+1}] \cap [E_f, l_f] \neq \varnothing\}$$

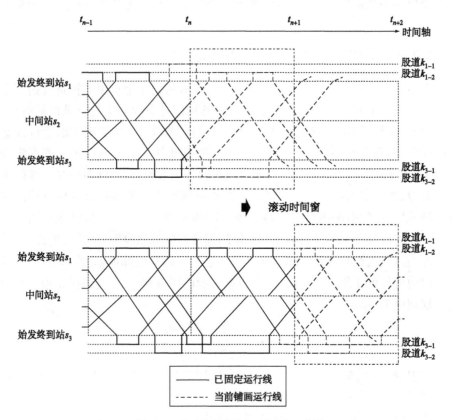

图 5-10 分时段滚动压力测试求解示意图

步骤 4：在给定待验证列车集合 $F^{Q(n)}$ 的条件下,对当前时间窗进行压力测试求解。

步骤 4.1：求解模型 P_2,若求得可行解,令 $F^{*(n)} := F^{Q(n)}$；否则跳转至步骤 4.3。

步骤 4.2：按照给定的概率随机生成插入的虚拟列车集合 F^I,令 $F^{Q(n)} := F^I \cup F^{Q(n)}$,跳转至步骤 4.1。

步骤 4.3：若无列车可加入当前时间窗,则获得当前时间窗的局部最优运行图满图。

步骤 5：固定当前时间窗内已经求得的变量。

步骤 5.1：固定在时间窗内求得的列车到发时刻变量,即满足条件 $t_n \leq a_f^s \leq t_{n+1}$ 与 $t_n \leq d_f^s \leq t_{n+1}$ 的变量 a_f^s 与 d_f^s。

步骤 5.2：固定在时间窗内求得的股道选择变量,即满足条件 $\{x_f^s \mid t_n \leq a_f^s \leq$

$t_{n+1} \wedge t_n \leq d_f^s \leq t_{n+1}\}$ 的变量 x_f^s。

步骤 5.3：固定求得的为非出入段接续的动车组接续变量，即满足条件 $\{b_{f,f'}^s | f,f' \in F - F_0^+ - F_0^-\}$ 的变量 $b_{f,f'}^s$。

步骤 6：若全天运行图已计算完成，输出能力计算结果 $||F^*||$ 及对应的运行图、股道运用方案和动车组接续方案，退出算法；否则向前平移时间窗至下一时段，即令 $n:=n+1$，跳转至步骤 3 继续求解。

5.3.3 算例验证

以京津城际铁路北京南至天津区段能力计算为例，通过对比分析考虑/不考虑动车组运用与股道分配的能力计算结果，分析考虑多种资源约束在能力计算中的必要性；通过分析动车组数量与能力之间的对应关系，得到在不同条件下能力的实际限制条件可能不同的结论。通过算例分析可行解搜索时限对能力计算结果的影响，验证上述模型与算法的可行性。在此暂不考虑跨线列车和北京南至于家堡长交路列车对能力的影响，采用的基础数据如表 5-9 所示。

表 5-9 算例基础数据

基础数据类别	数据描述
车站数	5 个
基本图列车数	76 列（上行）/ 78 列（下行）
追踪列车间隔	6min
动车组立即折返时间标准	16min
中间站停站时间	1min
起动/停车附加时分	2min/3min
列车开行时段	6:00—24:00
列车最长停站时间	12min

算法的计算机程序利用 Visual Studio 2017 中的 C#（.NET Framework 4.5.1）语言编写，在 1 台 CPU 为 Intel Core i7-6700 3.40GHz、8GB 内存的台式计算机上运行，混合整数规划模型的求解引擎采用 Gurobi 8.0.0。

1）考虑动车组运用与股道分配的能力计算结果

为了对比考虑/不考虑动车组运用、股道分配条件下能力计算的结果，本算例设计了 3 种加车场景，即：

场景 1：全部加入武清站不停站列车。

场景 2：全部加入武清站停站列车。

场景 3：按 1∶1 的比例通过随机函数产生武清站停站或不停站列车。

同时根据考虑的资源约束不同，在模型 P_1 的基础上，通过松弛相关约束设计了 4 种能力计算模型，以此对比考虑多种能力影响因素后能力计算结果的差异：

模型 1：仅加压列车运行图［松弛约束：式(5-35)～式(5-43)］。

模型 2：仅考虑中间站股道分配加压列车运行图［松弛约束：式(5-35)～式(5-37)及式(5-41)～式(5-43)］。

模型 3：仅考虑动车组立即折返接续加压列车运行图［松弛约束：式(5-38)～式(5-43)］。

模型 4：考虑动车组立即折返及股道分配加压列车运行图(包含所有约束)。

实验中的动车组数量按 17 组标准动车组给定。根据上述场景和模型划分进行交叉实验，可得以下能力计算结果。

表 5-10 说明了考虑动车组资源约束的能力计算模型的计算结果更加准确。以全部停站的方案为例，若仅考虑运行图约束计算运输能力，上下行列车数量分别为 200 列和 208 列；加入中间站股道分配约束后，列车数量变化不大，这是因为对于城际铁路而言，中间站股道分配不太可能成为能力的制约因素；当加入动车组接续约束后，上下行列车数量分别降为 155 列和 156 列，该结果能够在一定程度上反映动车组数量对运行图通过能力实现的影响。若考虑动车组立即折返作业中股道分配冲突，上下行列车数量则进一步降为 145 列，该结果说明，在股道资源紧张的条件下，忽略立即折返作业在股道分配冲突而讨论动车组接续对能力的影响，将会导致计算结果偏大。以上的计算结果表明，能力是多种资源协同运用下运输供给量的体现，采用考虑多种资源的一体化能力计算模型，能充分体现多种资源的制约与互动，使能力计算结果更加贴近实际。

各模型在不同停站方案下的计算结果对比(单位：列)　　表 5-10

模型	列车数量(上行/下行)		
	场景 1	场景 2	场景 3
模型 1：运行图	200/208	206/208	204/208
模型 2：运行图+中间站股道	200/207	207/207	204/207
模型 3：运行图+动车组接续	155/156	145/147	150/152
模型 4：全部约束	145/145	137/139	138/139

2)动车组数量对能力的影响

动车组的数量和配属是能力的重要影响因素。算例通过对动车组数量进行加压,研究动车组数量对能力的影响。各方案除了提供的动车组数量有所差异以外,其他的参数设置完全相同,以相等的比例插入在武清站停站或不停站的列车,得到在不同动车组数量供给的情况下开行的列车数量(图5-11)及始发终到车站的股道占用率(图5-12)。

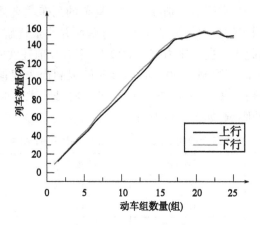

图5-11 动车数量与列车数量关系折线图

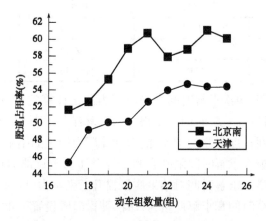

图5-12 动车数量与车站股道占用率关系折线图

图5-11说明,当动车组数量较少时,动车组数量是能力的决定因素,而区间通过能力相对较为富余,列车的数量与动车组数量呈近似线性的关系。当动车组数量较多时(多于16组),区间通过能力开始成为能力的制约因素。当动车组数量大于22组时,列车数量不再随动车组数量的增加而增加,此时线路和车站的通过能力是整体运输能力的决定因素,无法通过投入更多的动车组来提升能力。

图5-12说明,随着动车组数量的增加,动车组的折返需要占用更多的股道

资源,因此始发终到车站的股道占用率也随之增加。但动车组数量增加到一定程度后,每条动车交路长度变短,动车组在执行完几个列车任务后即迅速入段,不在终到车站进行过长时间的停留,因此股道的占用率呈不变或下降趋势。

3)可行解搜索时限对结果的影响

在实际求解当中,求解器判别部分比较复杂的列车集合需要耗费大量计算时间。由于压力测试的目的是为了获得可行解而并非最优解,对解的优化质量要求相对较低,因此为了提升压力测试的效率,笔者在前述实验中为每次求解设定了搜索可行解的时间限制为60s(到达该时间限制尚未搜索到可行解则认为当前输入无可行解)。进一步地,笔者计算了单次最大求解时间的设置对求解效率和求解质量的影响,如表5-11所示。

单次最大搜索时限对压力测试求解质量的影响　　　　表5-11

单次搜索时限(s)	总计算时间(s)	列 车 对 数	加压列车对数
60	4478	145/145	69/67
50	3118	145/143	69/65
40	3023	145/143	69/65
30	2523	143/141	65/63
20	1673	138/137	62/59
10	1070	133/132	57/54
5	618	118/116	42/38

实验数据说明,单次求解时间会影响压力测试计算的质量。当单次求解时间限制较短时,可以在较快时间内获得能力计算结果,但结果的优化程度较低。随着单次求解时间长度限制的增加,能力计算压力测试的结果逐步趋于稳定,说明适当提高单次最大求解时间限制有利于提升压力测试能力计算结果的质量,但是过长的单次最大求解时间对结果质量提升意义不大,反而延缓了计算进度。综合权衡求解计算时间和求解质量,将单次搜索时限设置为40s较为合理。

5.4　基于谱聚类算法的非正常事件下路网能力瓶颈辨识方法

铁路路网能力瓶颈是制约整个铁路系统服务能力的关键点。因此,对整个网络的服务能力进行分析,有利于提高铁路能力的利用效率。本节基于谱聚类算法对非正常事件下的路网能力瓶颈进行辨识。谱聚类算法是一种可以收敛于全局最优解的聚类算法,该算法建立在图论中的谱图理论基础上,其本质是将聚类问题转化为图的最优划分问题。

5.4.1 非正常事件下服务能力网络构建

无向铁路运输网络 $G=(V,E,W)$，其中 V 表示节点集合，E 表示边集合，W 表示边的权重(代表区间的能力)。网络 G 的权重邻接矩阵 $\boldsymbol{A}_G$ 的元素 $a_{i,j}=w_e$，其中 $e=E_{(i,j)}$，否则 $a_{i,j}=0$；且 $a_{i,j}=a_{j,i}$。定义 $\boldsymbol{D}_G$ 为网络 G 的对角矩阵，其主对角线上的元素 $d_{i,i}=\sum_{j=1}^{n}w_{i,j}$，则网络的拉普拉斯矩阵 $\boldsymbol{L}_G$ 为：

$$\boldsymbol{L}_G = \boldsymbol{D}_G - \boldsymbol{A}_G \tag{5-46}$$

图拉普拉斯矩阵是对角矩阵与邻接矩阵之差，因此图拉普拉斯矩阵的非对角元素是邻接矩阵对应的非对角元素的负数。

5.4.2 非正常事件下路网服务能力瓶颈辨识方法

考虑单向列车运行过程，铁路运输网络 G 可视为无向图。因此，$\boldsymbol{A}_G$ 为对称矩阵，那么拉普拉斯矩阵 $\boldsymbol{L}_G$ 也为对称矩阵。根据实对称矩阵的性质，拉普拉斯矩阵 $\boldsymbol{L}_G$ 必然存在非负实数特征值 $\{\lambda_1,\lambda_2,\cdots,\lambda_n\}$ 和相互正交的单位特征向量 $\{\varphi_1,\varphi_2,\cdots,\varphi_n\}$，每个特征值和对应的特征向量满足如下关系式：

$$\boldsymbol{L}_G \boldsymbol{\varphi}_i = \lambda_i \boldsymbol{\varphi}_i \tag{5-47}$$

$$\boldsymbol{\varphi}_i \boldsymbol{\varphi}_j = 0 \quad i \neq j \tag{5-48}$$

$$\boldsymbol{\varphi}_i^T \boldsymbol{\varphi}_i = 1 \tag{5-49}$$

定义向量 $\boldsymbol{X}=\{x_1,x_2,\cdots x_n\}$，计算拉普拉斯矩阵 $\boldsymbol{L}_G$ 的特征向量，来划分网络。拉普拉斯矩阵 $\boldsymbol{L}_G$ 的向量 $\boldsymbol{X}$ 的瑞利商为：

$$R(\boldsymbol{L}_G, \boldsymbol{X}) = \frac{\boldsymbol{X}^T \boldsymbol{L}_G \boldsymbol{X}}{\boldsymbol{X}^T \boldsymbol{X}} \tag{5-50}$$

令：拉普拉斯矩阵 $\boldsymbol{L}_G$ 的特征值 λ 所对应的单位特征向量为 $\boldsymbol{\varphi}$，则：$\boldsymbol{L}_G \boldsymbol{\varphi} = \lambda \boldsymbol{\varphi}$。根据特征向量满足条件，可得：

$$\frac{\boldsymbol{\varphi}^T \boldsymbol{L}_G \boldsymbol{\varphi}}{\boldsymbol{\varphi}^T \boldsymbol{\varphi}} = \lambda \tag{5-51}$$

当 $\boldsymbol{X}=\boldsymbol{\varphi}_i$ 时，$R(\boldsymbol{L}_G,\boldsymbol{\varphi}_i)=\lambda_i$。

设拉普拉斯矩阵 $\boldsymbol{L}_G$ 的特征值 $\lambda_1 \leq \lambda_2 \leq \cdots \leq \lambda_n$，则 λ_i 为：

$$\lambda_i = \min_{\boldsymbol{X} \perp \boldsymbol{\varphi}_1,\cdots,\boldsymbol{\varphi}_{i-1}} R(\boldsymbol{L}_G, \boldsymbol{X}) = \min_{\boldsymbol{X} \perp \boldsymbol{\varphi}_1,\cdots,\boldsymbol{\varphi}_{i-1}} \frac{\boldsymbol{X}^T \boldsymbol{L}_G \boldsymbol{X}}{\boldsymbol{X}^T \boldsymbol{X}} \tag{5-52}$$

特征值 λ_i 所对应的特征向量 $\boldsymbol{\varphi}_i$ 为：

$$\boldsymbol{\varphi}_i = \arg \min_{X \perp \varphi_1, \cdots, \varphi_{i-1}} R(\boldsymbol{L}_G, X) \tag{5-53}$$

拉普拉斯矩阵 $\boldsymbol{L}_G$ 为半正定矩阵，则拉普拉斯矩阵 $\boldsymbol{L}_G$ 的特征值 $\lambda_i \geq 0$，且当 $\lambda_1 = 0$ 时，$\boldsymbol{\varphi}_1^T = \left[\dfrac{1}{\sqrt{n}}, \dfrac{1}{\sqrt{n}}, \cdots, \dfrac{1}{\sqrt{n}}\right]$。求解拉普拉斯矩阵 $\boldsymbol{L}_G$ 的第二小特征值和特征向量进行分割网络，拉普拉斯矩阵 $\boldsymbol{L}_G$ 的第二小特征值 λ_2 和特征向量 $\boldsymbol{\varphi}_2$ 为：

$$\lambda_2 = \min_{X \perp \varphi_1} R(\boldsymbol{L}_G, X) = \min_{X \perp \varphi_1} \dfrac{X^T \boldsymbol{L}_G X}{X^T X} \tag{5-54}$$

$$\boldsymbol{\varphi}_2 = \arg \min_{X \perp \varphi_1} R(\boldsymbol{L}_G, X) \tag{5-55}$$

其中：$\boldsymbol{\varphi}_1^T = \left[\dfrac{1}{\sqrt{n}}, \dfrac{1}{\sqrt{n}}, \cdots, \dfrac{1}{\sqrt{n}}\right]$。

根据上述计算的第二小特征向量 $\boldsymbol{\varphi}_2$，用谱聚类方法对网络进行谱聚类分析，一般情况下：

$$S = \{i \in V | \varphi_2(i) \leq \tau\} \tag{5-56}$$

其中：$\varphi_2(i)$ 表示特征向量 $\boldsymbol{\varphi}_2$ 的第 i 个值；τ 表示分割阈值，通常 $\tau = 0$。

基于谱聚类算法的路网能力瓶颈识别算法如下：

步骤1：由生成的调整后列车运行图计算路段能力，构建无向权重交通网络 G，生成交通网络 G 的邻接矩阵 $\boldsymbol{A}_G$。

步骤2：计算交通网络 G 的对角矩阵 $\boldsymbol{D}_G$，并生成拉普拉斯矩阵 $\boldsymbol{L}_G$。

步骤3：归一化拉普拉斯矩阵 $\boldsymbol{L}_G$。

步骤4：计算归一化的拉普拉斯矩阵的第二小特征值 λ_2 和特征向量 $\boldsymbol{\varphi}_2$。

步骤5：根据特征向量 $\boldsymbol{\varphi}_2$ 和阈值 τ，划分交通网络，被切割的边为交通瓶颈路段。

5.4.3 实例验证与分析

采用中国铁路上海局集团有限公司（简称上海铁路局）管内以京沪高速铁路为主线的铁路交通网为实例。该铁路交通网络由高速铁路线、城际铁路线和普速铁路线3种线路组成，如图5-13所示。将路段的能力作为交通网节点间连线的权重，构建出能力权重网络。

突发事件情景假设：京沪高速铁路镇江西至无锡东区间由于恶劣天气实施限速，同时苏州北至昆山南区段线路发生故障，下行线路中断行车，上行线路采取双向行车措施。采用准移动闭塞列车运行模式，根据线路等级和限速等级，计算上述突发事件场景下的区段通过能力。根据各区段能力构建网络邻接矩阵 A_G，标准化拉普拉斯矩阵 L_G，计算 L_G 的第二小特征值 λ_2 和特征向量 φ_2。根据特征向量 φ_2 划分上海铁路局管内铁路交通网络，划分结果如图 5-14 所示。根据谱聚类划分结果，蚌埠、蚌埠南、水家湖、合肥、芜湖、南京南、南京、扬州、海安、江阴、镇江、镇江西、常州北、常州为一类社区；无锡、无锡东、苏州北、苏州、长兴、昆山、昆山南、上海西、上海和上海虹桥为另一类社区，则连接两类社区的边为能力薄弱边，由此可以判断，上海局管内铁路交通网络能力瓶颈包含江阴-无锡、常州-无锡、常州北-无锡东和芜湖-长兴。

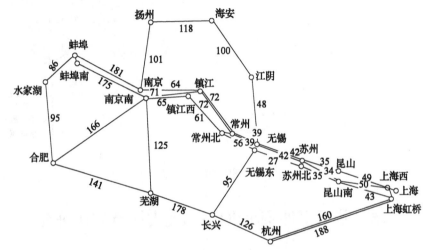

图 5-13 上海铁路局管内网络示意图

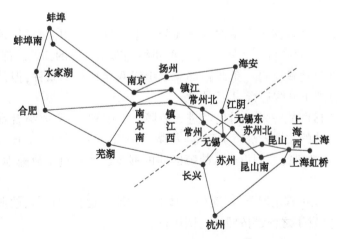

图 5-14 上海铁路局管内铁路交通网络谱聚类结果

基于长江三角洲地域高速铁路网络和列车时刻表,构建高速铁路服务网络;采用上述谱聚类算法辨识高速铁路服务能力瓶颈,其结果如图 5-15a) 和 b) 所示,其中,图 5-15a) 表示将服务网络划分为两大服务均衡区域,子区域边界即为服务能力瓶颈;图 5-15b) 表示将服务网络划分为三大服务均衡区域,子区域边界即为服务能力瓶颈。

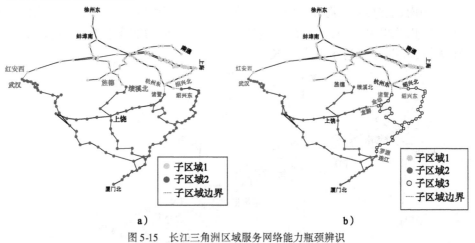

图 5-15　长江三角洲区域服务网络能力瓶颈辨识

5.5　基于事件-活动网络的能力保持方法研究

5.5.1　模型假设

(1)假设高速铁路各车站的到发线分上下行分别使用,而且每条到发线都配有供旅客上下的站台。此外,上下行的正线与车站所有的到发线都相连。

(2)双线高速铁路每一条线路都满足组织双向行车的条件,但是在正常情况下,上下行列车分线运行,互不干扰。

(3)对于区间故障发生时已经进入故障区间的列车,需要结合现场的具体情况(故障具体的位置及故障类型等)从微观层面上进行处理,对该类列车的处理本书不做详细研究。假设进入故障区间的列车已经通过了故障地点,可以继续向前运行。

(4)由于在正常情况下,高速列车基本上均能按运行图运行,故假设所有列车在区间故障发生之前都按照运行图运行。

5.5.2 模型符号、参数与决策变量

模型符号、参数与决策变量如表 5-12 ~ 表 5-14 所示。

模 型 符 号　　　　　　　　　　表 5-12

符号	含义	符号	含义
N	由事件和活动构成的网络	A_{head}	间隔活动
E	事件集合	A_{dwell}	停站活动
A	活动集合	A_{run}	列车运行活动
e	事件	t	列车
f	与事件 e 相邻的事件	t_e	事件 e 对应的列车
a	活动	T	列车集合
E^{arr}	到达事件集合	T^{down}	下行方向列车集合
E^{dep}	出发事件集合	T^{up}	上行方向列车集合
A_{train}	列车活动	S	车站集合
A_{station}	车站活动集合	S_{seg}	区间集合
t^{dep}	列车 t 在其始发站的发车时刻	$H_{\text{dis}}^{\text{start}}$	区间故障的发生时刻
C_s^{up}	车站 s 上行方向能力	C_s^{down}	车站 s 下行方向能力

模 型 参 数　　　　　　　　　　表 5-13

参数	含义
q_e	事件 e 在计划列车运行图中发生的时刻
μ_e^+	事件 e 晚点单位时间惩罚值
μ_e^-	事件 e 早点单位时间惩罚值
λ_t	列车 t 取消运行的惩罚值
D	事件的最大允许偏离时间
M_1	正整数,M_1 取 1 个周期时间,$M_1 = 1440$
M_2	正整数,$M_2 \geq M_1$

模 型 决 策 变 量　　　　　　　　　　表 5-14

决策变量	含义
x_e	事件 e 在调整后运行图中的发生时刻
d_e^+	事件 e 的晚点时间
d_e^-	事件 e 的早点时间
y_t	列车 t 是否会取消运行,$y_t = 1$ 表示车 t 取消,$y_t = 0$ 表示列车 t 开行
λ_{ef}	事件发生的先后顺序,$\lambda_{ef} = 1$ 表示事件 e 发生在事件 f 之前,反之则 $\lambda_{ef} = 0$
φ_a	在车站两列车之间的活动,用 0-1 变量表示

5.5.3 模型构建

1) 模型目标函数

最小化加权求和列车取消和偏离计划惩罚值。

$$\min\{\sum_{t\in T}\lambda_t y_t + \sum_{e\in E}\mu_e^+ d_e^+ + \sum_{e\in E^{\mathrm{arr}}}\mu_e^- d_e^-\} \tag{5-57}$$

2) 模型约束条件

(1) 基本约束条件。

$$2M_1 y_{t_e} - M_1 \leq x_e - q_e \leq M_1 \quad \forall e \in E, t_e \in T \tag{5-58}$$

$$x_e \geq q_e \quad \forall e \in E^{\mathrm{dep}} \tag{5-59}$$

$$d_e^+ \geq x_e - q_e - M_1 y_{t_e} \quad \forall e \in E, t_e \in T \tag{5-60}$$

$$d_e^- \geq q_e - x_e \quad \forall e \in E^{\mathrm{arr}} \tag{5-61}$$

$$d_e^+ \leq D \quad \forall e \in E \tag{5-62}$$

$$d_e^- \geq D \quad \forall e \in E^{\mathrm{arr}} \tag{5-63}$$

$$y_t \in \{0,1\} \quad \forall t \in T \tag{5-64}$$

$$x_e, d_e^+, d_e^- \quad \forall e \in E \tag{5-65}$$

约束条件式(5-58)实现了把取消的列车移到研究的时间范围之后,这里表示把取消的列车移到一天之后,即取消列车的事件的实际发生时刻 $x_e = q_e + M_1$。将取消的列车移到研究的时间范围之后能很好地避免被取消的列车相互间以及被取消的列车与其他列车之间的干扰。约束条件式(5-59)表示列车的出发时刻不能早于图定的出发时刻。约束条件式(5-60)表示事件 e 的晚点时间。约束条件式(5-61)表示到达事件 e 的早点时间,注意,结合铁路的实际情况,需要允许列车提前到达车站,但是不允许列车在车站提前发车。约束条件式(5-62)和式(5-63)分别表示列车晚点时间和到达早点时间不能超过的最大允许值。约束条件式(5-64)和式(5-65)限定变量的取值范围。

(2) 单列列车运行及停站约束。

$$x_f - x_e \geq L_a \quad \forall a \in (e,f) \in A_{\mathrm{train}} \tag{5-66}$$

每列车在运行过程中必须要满足其在各区间的最小运行时间约束以及在各车站的停站时间约束。当 a 表示区间运行活动时,L_a 表示列车在区间的最小运行时间;当 a 表示停站活动时,L_a 表示列车在车站的最小停站时间。

(3) 相邻列车运行间隔约束。

$$x_f - x_e + M_2(1-\lambda_{ef}) \geq L_a \quad \forall a \in (e,f) \in A_{\text{head}} \quad (5\text{-}67)$$

$$\lambda_{ef} + \lambda_{fe} = 1 \quad \forall (e,f) \in A_{\text{head}} \wedge (f,e) \in A_{\text{head}} \quad (5\text{-}68)$$

为了确保列车的运行安全,在任意区间任意时段内,同向相邻列车之间以及故障区间故障时段内反向相邻列车之间,必须要满足最小区间运行间隔约束。

(4) 车站能力约束。

$$\sum_{a=(e,f)\in A^1_{s,f}} \lambda_{ef} - \sum_{a=(e,f)\in A^2_{s,f}} \varphi_a \leq C^{\text{down}}_s - 1 \quad \forall s \in S^m, f \in E^{\text{arr}}_s : q^f \geq H^{\text{start}}_{\text{dis}} \wedge t_f \in T^{\text{down}}$$

(5-69)

$$\sum_{a=(e,f)\in A^1_{s,f}} \lambda_{ef} - \sum_{a=(e,f)\in A^2_{s,f}} \varphi_a \leq C^{\text{up}}_s - 1 \quad \forall s \in S^m, f \in E^{\text{arr}}_s : q^f \geq H^{\text{start}}_{\text{dis}} \wedge t_f \in T^{\text{up}}$$

(5-70)

$$x_f - x_e + M_2(1-\varphi_a) \geq L_a \quad \forall a \in (e,f) \in A_{\text{station}} \quad (5\text{-}71)$$

在故障发生之后,每一列下行和上行列车要到达每一个中间站,必须有最少一条下行和上行到发线可以使用。$f \in E^{\text{arr}}_s$ 表示列车 t_f 在车站 s 的到达事件,定义间隔活动子集 $A^1_{s,f} \subset A_{\text{head}}$ 包括列车 t_f 到达车站 s 与其他任意同向列车 t_e 到达车站 s 之间的间隔活动,定义车站活动子集 $A^2_{s,f} \subset A_{\text{station}}$ 包含所有从 s 站出发的与列车 t_f 同方向的列车 t_e 与在 s 站到达的列车 t_f 之间的活动。

(5) 列车取消约束。

$$y_t = 0 \quad \forall t \in T, t^{\text{dep}} \in H^{\text{start}}_{\text{dis}} \quad (5\text{-}72)$$

对于在故障发生时还没有从始发站出发的列车,调度员可以结合列车实时运行状况和现场故障信息来决定是否需要在这部分列车中选择几列列车取消运行,从而在设备能力允许的情况下,最小化故障对列车运行的影响。

(6) 故障前列车运行约束。

$$x_e = q_e \quad \forall e \in E, q_e \leq H^{\text{start}}_{\text{dis}} \quad (5\text{-}73)$$

由于在故障发生之前难以预测故障的发生,因此,假设所有列车在故障发生之前按计划运行图运行。

3) 模型求解

采用商业优化软件 IBM ILOG CPLEX 12.6.0 对混合整数线性规划模型进行求解。CPLEX 的相关参数设置为默认值,该软件内置的分支切割算法能够很好地用于求解混合整数线性规划问题。

5.5.4 案例验证

采用京沪高速铁路线路作为案例,验证所提出的方法的可行性。选取某一天的计划运图,设定一些非正常事件场景作为模型输入。

分别设定4个初始晚点场景:①G109次列车在蚌埠南站发生初始晚点1200s;②G123次列车在德州东站发生初始晚点600s;③G139次列车在南京南站发生初始晚点600s;④G155次列车在济南西站发生初始晚点900s。

利用上述方法求解,求解结果如表5-15所示,获得的能力保持方案如图5-16所示。

求解结果汇总表　　　　　　　　　　表5-15

场景	晚点时间		连带晚点的车次	目标函数	计算时间(s)
	初始晚点(s)	连带晚点(s)			
场景1	1200	600	G113	20600	42
场景2	600	1080	G411,G127	21080	56
场景3	600	180	—	180	31
场景4	900	600	G149	10600	40

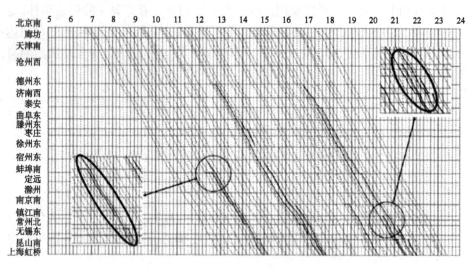

图5-16　线路能力保持方案

5.6 小　　结

本章首先结合非正常事件的时空延误特性和延误场景分别建立了车站和区段能力优化模型,对非正常事件下的车站通过能力以及考虑多种资源约束下的区段通过能力进行计算,输出最优的车站和区段通过能力值。其次,将列车延误时间作为数据输入,以车站和区段能力为约束条件,构建了基于事件-活动网络的路网能力保持模型,生成非正常事件下的列车运行图,计算出路网能力。再次,基于车站和区段通过能力值,构建非正常事件下路网能力权重网络,运用谱聚类算法识别出路网能力瓶颈路段。最后,由瓶颈路段将路网划分为区段和车站,进一步迭代计算非正常事件下区段能力和车站能力,实现车站、区段能力的闭环反馈,迭代提升并精准估计路网能力。

第6章 基于数据驱动的非正常事件下列车调度优化方法

随着社会经济的发展,我国铁路也在快速发展,截至2019年底,我国"四纵四横"的高速铁路骨干网已经全面建成,高速铁路运营里程超过3.5万公里,占世界高速铁路总里程的66%以上;与此同时,这对智能铁路提出了新的需求与挑战。

6.1 基于遗传进化粒子群算法的列车运行调整

6.1.1 高速铁路列车运行调整策略

(1)动车组列车运行中出现故障时运行调整策略。

动车组列车运行中出现故障时,司机应按车载信息监控装置的提示,按规定及时处理;需要由随车机械师处理时,司机应通知随车机械师。经处置确认无法正常运行时,司机应按车载信息监控装置的提示和随车机械师的要求,选择维持运行或停车等方式,并报告列车调度员或车站值班员。

(2)动车组列车在区间被迫停车时运行调整策略。

①随车机械师、客运乘务组、乘警均应听从动车组列车司机指挥,处理有关行车、列车防护和事故救援等事宜。

②需下车处理时,列车调度员发布邻线列车限速160km/h及以下的调度命令,限速位置按停车列车位置前后各1km确定;需组织旅客疏散时,必须扣停邻线列车。司机在接到列车调度员已发布邻线列车限速调度命令或邻线列车已扣停的口头指示后,通知有关作业人员办理。

(3)道岔故障需现场准备进路时运行调整策略。

①列车调度员负责非故障道岔的操纵、准备进路。

②工务、电务等有关部门人员现场检查前,应本线封锁、邻线限速160km/h及以下。待工务、电务等有关部门现场检查和确认道岔故障具备现场准备进路

放行列车条件时,确认本线封锁及邻线限速命令下达后,车务应急值守人员组织电务、工务等人员现场操纵道岔准备进路、确认进路正确并按规定加锁,列车调度员根据现场人员汇报的故障道岔开通方向及控制台上非故障道岔的显示确认进路正确。车站应急值守人员须及时向列车调度员汇报进路准备情况。

③列车调度员得到现场进路准备妥当、道岔加锁良好、作业人员已撤至安全地点的汇报后,确认进路正确,解除封锁取消限速后方可办理行车凭证,准备接发列车。

(4)站内发生轨道电路故障红光带故障时运行调整策略。

工务、电务等有关部门人员现场检查前,应本线封锁、邻线限速160km/h及以下。待工务、电务等有关部门现场检查和确认具备列车放行条件后,列车调度员确认故障区段空闲后,按以下规定办理行车。

站内无岔区段出现红光带、可开放引导信号时,办理引导接(发)车进路,列车凭引导信号进(出)站;引导信号不能开放(故障)时,人工操作道岔、准备进路,列车凭调度命令进、出站。

(5)动车组司机运行途中接到危及行车安全通知时运行调整策略。

①立即采取停车措施,并报告列车调度员或车站值班员,待危及行车安全情况消除后,方可恢复正常运行。

②需下车处理时,列车调度员发布邻线列车限速160km/h及以下的调度命令,限速位置按停车列车位置前后各1km确定。司机在接到列车调度员已发布相关调度命令的口头指示后,通知随车机械师手动开门下车处理,下车处理人员下、上车时与司机共同签认。

(6)动车组故障不能继续运行请求救援时。

①列车调度员接到动车组司机请求救援的报告后,应根据实际情况,组织符合要求的动车组或机车救援,并立即将有关情况向调度所值班主任报告。

②已请求救援的动车组,不得再行移动。列车调度员发布救援命令后,动车组司机应了解救援列车开来方向,通知随车机械师做好防护工作。如需接触网停电作业,须按规定办理停电手续。

③故障动车组应尽可能保证辅助供电系统工作正常,若辅助供电系统不能保证工作正常时,应优先保持基本的列车通风、照明。

动车组无外部供电的情况下,如蓄电池不能维持供电运行到终点站,应将故障动车组牵引至客运站组织旅客换乘或启用热备车底组织换乘。

(7)接触网故障停电时运行调整策略。

①列车调度员接到接触网故障停电的报告后,立即通知供电调度员确认原

因并处理,同时向值班主任报告,及时扣停未进入停电区域的列车。

②接触网发生故障需立即抢修时,供电调度员将本线处理故障时的影响范围、邻线放行列车条件等内容登记清楚,列车调度员根据登记要求办理相关作业。

需开行轨道车时,须报请调度所值班主任(副主任)批准,并向轨道车司机发布准许运行的调度命令。

③采取越区供电方式供电前,须确认停在无电区的列车已全部降弓。

④接触网送电后,列车调度员必须确认供电调度的签认,准确掌握线路开通后的行车条件。

(8)运行途中晃车时运行调整策略。

①运行途中列车司机发现晃车时,应立即减速运行并报告列车调度员,待本列无异常状况后恢复常速运行。

②列车调度员向后续列车发布限速调度命令,后续列车通过晃车地点立即向列车调度员汇报运行情况。限速位置按司机汇报的晃车地点前后各加 1km 确定。后续首列为 300~350km/h 列车时限速 160km/h、首列为 200~250km/h 列车时限速 120km/h、首列为普速旅客列车时限速 80km/h。仍晃车时,列车调度员禁止再向该地点和该区间放行列车(关系区间车站为非常站控模式时应封锁该区间),发布邻线限速 160km/h 及以下的调度命令后,通知工务部门立即上道检查。若后续列车不晃车按 160km/h、250km/h、常速逐级逐列提速。

(9)动车组运行中碰撞障碍物或撞人时运行调整策略。

①动车组运行中碰撞障碍物影响行车安全或撞人时,司机应立即采取停车措施,并报告列车调度员或车站值班员,通知随车机械师。

②需下车处理时,列车调度员发布邻线列车限速 160km/h 及以下的调度命令,限速位置按停车列车位置前后各 1km 确定。司机在接到列车调度员已发布相关调度命令的口头指示后,通知随车机械师手动开门下车确认动车组技术状态。

③经检查确认若可以继续运行时,司机按随车机械师签认要求常速或限速运行,并报告列车调度员;若不能继续运行时应及时请求救援,并按规定进行防护。

④列车调度员接到碰撞障碍物和撞人的报告后,应立即通知邻近车站和公安人员到现场处置。到达现场人员应及时了解、上报现场勘查处置情况。

⑤发生重大路外伤亡造成动车组紧急停车时,司机应立即报告列车调度员或就近车站值班员,并协助有关人员保护事故现场,采取措施抢救人员和财产,

尽快排除线路障碍,恢复正常行车,将人员伤亡和损失降到最低程度。

(10)动车组因故停于分相区时运行调整策略。

由列车调度员、供电调度员、动车司机调度员根据动车组类型、停车位置、牵引供电设备状况,共同确定采用换弓、退行闯分相、向接触网无电区送电或开行救援列车等方案。

(11)恶劣天气行车时运行调整策略。

①遇降雾、暴风雨雪冰冻等恶劣天气,在地面信号作为行车凭证且显示距离不足200m时,司机应报告列车调度员。列车调度员应及时发布调度命令,改按天气恶劣难以辨认信号的办法行车。机车信号良好时,按机车信号显示运行,遇地面信号与机车信号显示不一致时,司机应立即采取减速或停车措施。天气转好时,司机应及时报告列车调度员发布调度命令,恢复正常行车。

②遇有降雨天气,重点防洪地段1h降雨量达到45mm及以上时,列车限速120km/h;1h降雨量达到60mm及以上时,列车限速45km/h。当1h降雨量降至20mm及以下,且持续30min以上,可逐步解除限速。沿线雨量信息由防灾安全监控系统提供,当雨量超标时,由列车调度员根据防灾安全监控系统报警提示发布限速调度命令。

动车组列车运行中,司机发现积水高于轨面时,应立即停车,根据现场情况与随车机械师共同确定行车条件或请求救援,并立即报告列车调度员,列车调度员及时采取应急措施,下达相关调度命令。司机以随时能够停车速度(最高不超过40km/h,下同)通过积水地段。列车调度员立即通知已进入区间的后续列车停车(避免停在隧道内),并禁止向该区间放行列车。

③遇有落石、倒树等障碍物危及行车安全时,司机应立即停车并报告列车调度员,待障碍排除确认安全后,方可继续运行。

④列车遇到线路塌方、道床冲空等危及行车安全的突发情况时,司机应立即停车,并报告列车调度员或车站值班员,列车调度员或车站值班员应立即通知追踪列车、邻线列车。需要退行时,按有关规定迅速将列车退至安全地段。

⑤调度所、工务部门应掌握大风天气情况,遇有防灾安全监控系统提示大风报警信息时,列车调度员及时发布限速调度命令。司机接到调度命令后,须立即确认大风地点,限速区段限速运行。对禁止运行的报警,按照要求立即采取停车措施。

动车组列车运行途中,遇大风天气,司机根据情况控制列车运行速度,并报告列车调度员。列车调度员通知后续通过该地段的列车司机注意运行。

(12)列控车载信号与机车信号不一致时运行调整策略。

①列控车载信号显示停车信号而机车信号显示进行信号时,按列控车载信

号显示立即停车。

②列控车载信号显示进行信号而机车信号显示停车信号：

在区间运行时，动车组司机须立即停车，并向列车调度员汇报。列车调度员确认前方闭塞分区无车占用后通知司机。司机以遇到阻碍能随时停车的速度运行至前方次一信号机或闭塞分区入口处，如列控车载信号与机车信号均显示进行信号，按车载信号显示运行；如列控车载信号显示进行信号而机车信号仍显示停车信号，按上述规定处理。

在车站发车时，司机应立即向列车调度员汇报。列车调度员应确认第一个闭塞分区空闲、道岔位置正确及进路空闲后通知司机发车，司机在出发信号机前以遇到阻碍能随时停车的速度运行，如列控车载信号与机车信号均显示进行信号，按车载信号显示运行；如列控车载信号显示进行信号而机车信号仍显示停车信号，司机以遇到阻碍能随时停车的速度运行至前方次一信号机或闭塞分区入口处，按上述区间规定处理。

(13) 利用动车组列车运送人员处理故障时运行调整策略。

①设备管理部门向列车调度员申请利用动车组列车运送人员处理故障时，须报告清楚上、下车地点。

②列车调度员接到报告后，经值班主任(副主任)同意，方可向指定动车组列车发布调度命令，准许该次动车组列车运送故障处理人员，并须注明上、下车地点。司机接收调度命令后，向列车长和随车机械师进行转达。

③故障处理人员在列车运行前方驾驶室后的车门处上车。

④列车运行至停车地点停车后，司机在接到列车调度员已发布邻线列车限速160km/h及以下的调度命令的口头指示后，方可通知随车机械师人工开启列车运行前方驾驶室后的动车组左(非会车)侧车门，客运乘务员配合做好人员上下工作。

⑤随车机械师确认故障处理人员全部下车并撤至安全地点后，随车机械师关闭车门并通知列车司机，司机确认行车凭证后即可开车。

6.1.2 列车运行调整问题描述

列车运行调整其实质是实绩运行图向计划运行图逼近的优化问题，属于非线性多目标组合优化问题，被称作 NP 难题。

设双向区段共有 m 个车站，调整区段所涉及的列车数量为 n 列(其中上行列车 n_1 列，下行列车 n_2 列)，A_j^k, D_j^k 分别表示第 $k(k \in \{1,2,\cdots,n\})$ 列车在 $j(j \in \{1,2,\cdots,m\})$ 车站的实际到达和出发时间，$\tilde{A}_j^k, \tilde{D}_j^k$ 分别表示第 k 列车在 j 车站的

计划到达时间与出发时间。当第 k 列车在 j 车站晚点 $A_j^k > \hat{A}_j^k$ 且 $D_j^k > \hat{D}_j^k$ 情况时，在时间阶段 $[t_0, t_0+T]$ 内进行列车运行调整，降低列车晚点时间，减少晚点列车数量。

6.1.3 模型建立

基于运输服务中的作业过程，以列车作业和运行资源为事件，事件先后顺序为活动，构建列车运输服务的有向事件-活动网络 $N=(E,A)$。事件包括列车事件 E_{train}（出发事件，到达事件），表示运行资源数量的库存事件 E_{Inv}（区间库存事件、车站库存事件、动车组库存事件），活动表示不同事件占用相同资源的顺序。有向事件-活动网络具有两个层面。宏观层面：以到达车站事件和从车站出发事件为节点，建立有向事件-活动网络；微观层面：将列车运行路线划分若干闭塞分区（block），以到达闭塞分区事件和从闭塞分区出发事件为节点，构建向事件-活动网络。通过事件-活动网络，以事件影响、运行资源、计划时刻表等为约束，运输服务质量（即最小化列车晚点时间）最大化，通过调整列车运行顺序、停站方案和运行时间，构建突发事件影响条件下列车运行调整模型，输出突发事件条件下列车运行调整方案，最大程度降低突发事件对运输服务质量的影响。

1) 模型决策变量

列车运行调整是指当出现列车晚点情况时，调整后续列车在各车站的到达和出发时刻，因此列车运行调整模型的决策变量为列车在各车站的实际到达和出发时刻变量。该模型的决策变量为 A_j^k, D_j^k。

2) 列车运行调整模型目标函数

列车运行调整目标为降低列车晚点时间、减少晚点列车数量，则列车运行调整模型的优化目标函数：

（1）列车总晚点时间最少：

$$Z_1 = \min\left\{\sum_{k}^{n}\sum_{j}^{m}\left(\left|A_j^k - \hat{A}_j^k\right| + \left|D_j^k - \hat{D}_j^k\right|\right)\right\} \tag{6-1}$$

（2）晚点列车数量最少：

$$Z_2 = \min\left\{\sum_{k}^{n}\sum_{j}^{m}\sigma\left[(A_j^k - \hat{A}_j^k),(D_j^k - \hat{D}_j^k)\right]\right\} \tag{6-2}$$

其中定义函数 $\sigma(a,b) = \begin{cases} 1 & \text{其他情况} \\ 0 & a \leq 0 \text{ 且 } b \leq 0 \end{cases}$

则：列车运行调整模型的目标函数为 $Z = \min\{q_1 Z_1 + q_2 Z_2\}$。其中 q_1, q_2 分别为列车总晚点时间惩罚因子与晚点列车数量惩罚因子。

3) 模型约束

列车运行调整模型共涉及运行图约束、运行资源约束两类约束条件。

(1) 运行图约束。

①列车发车间隔约束：

$$D_j^{k+1} \geq D_j^k + \delta \qquad (6\text{-}3)$$

其中，δ 表示列车最小发车间隔时间。

②列车到达间隔约束：

$$A_j^{k+1} \geq A_j^k + \varepsilon \qquad (6\text{-}4)$$

其中，ε 表示列车最小到达间隔时间。

③区间最小运行时分约束：

$$A_j^k \geq \hat{D}_i^k + \tau_{i,j} + \alpha_i^k + \beta_j^k \qquad i,j \in \{1,2,\cdots,m\} \qquad (6\text{-}5)$$

其中，$\tau_{i,j}$ 表示区间 $[i,j]$ 的最小运行时分；α_i^k 表示第 k 列车在车站 i 的启动附加时分；β_j^k 表示第 k 列车在车站 j 的停站附加时分。

④列车发车时刻约束：

$$D_i^k \geq \hat{D}_i^k \qquad (6\text{-}6)$$

⑤列车到达时刻约束：

$$A_j^k \geq \hat{A}_j^k \qquad (6\text{-}7)$$

⑥车站作业时间约束：

$$D_j^k \geq \hat{A}_j^k + \zeta_j^k \qquad (6\text{-}8)$$

其中，ζ_j^k 表示第 k 列车在车站 j 的标准作业时间。

⑦越行晚点列车约束：

$$\begin{cases} D_i^{k+1} \geq D_i^k + \delta \\ A_j^k + \varepsilon \geq A_j^{K+1} \end{cases} \qquad (6\text{-}9)$$

(2) 运行资源约束。

车站能力约束：

$$\sum_{k=1}^{n} \text{sgn}(A_j^k - t) - \sum_{k=1}^{n} \text{sgn}(D_j^k - t) \leq C_j \qquad (6\text{-}10)$$

$$\text{sgn}(x) = \begin{cases} 1 & x \geq 0 \\ 0 & x < 0 \end{cases}$$

其中，C_j 表示车站 j 到发线数量；$t \in [t_0, t_0 + T]$ 表示列车运行调整阶段时刻。

4) 列车运行调度模型

列车运行调整是非线性多目标问题,考虑实现列车总晚点时间最少和晚点列车数量最少的目标,根据上述部分提出的列车运行调整下的运行图约束和资源约束,建立列车运行调整优化模型。综上所述,列车运行调整模型如下所示。

目标函数:

$$Z = \min \left\{ q_1 \left\{ \sum_{k}^{n} \sum_{j}^{m} \left[|A_j^k - \hat{A}_j^k| + |D_j^k - \hat{D}_j^k| \right] \right\} + q_2 \sum_{k}^{n} \sum_{j}^{m} \sigma \left[(A_j^k - \hat{A}_j^k), (D_j^k - \hat{D}_j^k) \right] \right\}$$

(6-11)

约束条件:

$$D_j^{k+1} \geq D_j^k + \delta$$

$$A_j^{k+1} \geq A_j^k + \varepsilon$$

$$A_j^k \geq \hat{D}_i^k + \tau_{i,j} + \alpha_i^k + \beta_j^k$$

$$D_i^k \geq \hat{D}_i^k$$

$$A_j^k \geq \hat{A}_j^k$$

$$D_j^k \geq \hat{A}_j^k + \zeta_j^k$$

$$\begin{cases} D_i^{k+1} \geq D_i^k + \delta \\ A_j^k + \varepsilon \geq A_j^{K+1} \end{cases}$$

$$\sum_{k=1}^{n} \text{sgn}(A_j^k - t) - \sum_{k=1}^{n} \text{sgn}(D_j^k - t) \leq C_j$$

6.1.4 基于粒子群的列车运行调整算法

(1) 位置矩阵与速度矩阵设计。

假设时刻 t_0 列车发生晚点,在时间阶段 $[t_0, t_0 + T]$ 内涉及运行调整的列车数量为 n,车站数量为 m,则粒子的位置值为 $n \times 2m$ 阶的实数矩阵。例如,当涉及调整的列车数量 $n = 2$,车站数量 $m = 3$ 时,r 次迭代后 l 粒子的位置矩阵 X_l^r 为:

$$X_l^r = \begin{bmatrix} A_1^1 & D_1^1 & A_2^1 & D_2^1 & A_3^1 & D_3^1 \\ A_1^2 & D_1^2 & A_2^2 & D_2^2 & A_3^2 & D_3^2 \end{bmatrix}$$

粒子群位置矩阵 $X_l^r(k,j) = \{A_j^k, D_j^k\}$ 表示第 r 次迭代 l 粒子的到达和出发时刻。

第 $r+1$ 次迭代后 l 粒子速度矩阵更新公式为:

$$V_l^{r+1} = \omega V_l^r + c_1\gamma_1(\boldsymbol{P}_l^r - \boldsymbol{X}_l^r) + c_2\gamma_2(\boldsymbol{P}_g^r - \boldsymbol{X}_l^r) \tag{6-12}$$

则 $r+1$ 代 l 粒子的位置矩阵的更新公式为：

$$\boldsymbol{X}_l^{r+1} = \boldsymbol{X}_l^r + \boldsymbol{V}_l^{r+1}$$

其中，惯性权重 ω 采用线性递减权值策略：

$$\omega = (\omega_{\min} - \omega_{\max})\frac{(r_{\max}-r)}{r_{\max}} + \omega_{\max} \tag{6-13}$$

其中，c_1, c_2 表示加速度因子为非负的常数；γ_1, γ_2 表示 $[0,1]$ 之间随机数；r 表示当前迭代次数；l 表示第 l 粒子。

(2) 粒子群位置矩阵初始化。

时刻 t_0 列车发生晚点，并在该时刻进行调整，首代 l 粒子的位置矩阵 $\boldsymbol{X}_l^0$ 初始化遵循的原则为：

$$A_j^k \mid \boldsymbol{X}_l^0(k,j) = \begin{cases} \hat{A}_j^k & \hat{A}_j^k < t_0 \\ x \mid x \geq \hat{A}_j^k & \text{其他情况} \end{cases} \tag{6-14}$$

$$D_j^k \mid \boldsymbol{X}_l^0(k,j) = \begin{cases} \hat{D}_j^k & \hat{D}_j^k < t_0 \\ x \mid x \geq \hat{D}_j^k & \text{其他情况} \end{cases} \tag{6-15}$$

(3) 适应度函数。

粒子位置矩阵应使得列车总晚点时间最短，晚点列车数量最少，列车运行调整的目的是使得晚点列车的实绩运行图与计划运行图逼近，因此粒子的适应度函数应满足列车总晚点时间较短和晚点列车数量最少。综上所述，适应度函数越小，则说明晚点列车实绩运行图越逼近计划运行图。第 r 代 l 粒子适应度函数如下所示。

$$f_l^r = q_1\left\{\sum_k^n\sum_j^m(\mid A_j^k - \hat{A}_j^k \mid + \mid D_j^k - \hat{D}_j^k \mid)\right\} + q_2\sum_k^n\sum_j^m\sigma\left[(A_j^k - \hat{A}_j^k),(D_j^k - \hat{D}_j^k)\right]$$

$$\tag{6-16}$$

(4) 列车运行调整算法框架。

步骤1：设置粒子群规模 N，并对粒子群中粒子的位置矩阵 $\boldsymbol{X}_l^0$ 与速度矩阵 $\boldsymbol{V}_l^0$ 进行初始化，为确保粒子在所设定搜索空间内，一般将粒子飞行速度 $\boldsymbol{V}_l$ 设置在固定的范围；设置迭代次数 num 及适应度函数值精度 error。

步骤2：依据适应度函数计算首代粒子群各粒子适应度值，将首代粒子群的

适应度值设置为粒子局部最优值 P_l^0，并将 $\min(P_l^0|l=1,2,\cdots,N)$ 设置为全局最优值 P_g^0。

步骤3：根据粒子位置和速度更新函数，计算新一代粒子群的位置和速度矩阵。

步骤4：根据新一代粒子群的位置和速度矩阵计算粒子群粒子适应度值，并更新粒子群局部最优值 P_l 与全局最优值 P_g，更新原则为：

$$P_1^{r+1} = \begin{cases} P_1^r & P_1^r < f_1^{r+1} \\ f_1^{r+1} & 其他情况 \end{cases} \tag{6-17}$$

$$P_g^{r+1} = \begin{cases} P_g^r & P_g^r < \min(P_l^{r+1}|l=1,2,\cdots,N) \\ \min(P_g^{r+1}|l=1,2,\cdots,N) & 其他情况 \end{cases} \tag{6-18}$$

步骤5：判断迭代次数 iter > num 及计算全局最优值满足精度要求 $\frac{|P_g^{r+1} - P_g^r|}{P_g^r} \leq \text{error}$；满足条件输出全局最优值及决策变量，否则执行步骤3、步骤4、步骤5，直至满足条件，结束算法。

6.1.5 列车运行调整案例

初步建立宏观层面模型，并以京沪高速铁路（北京南—济南西）实例验证，设置突发事件造成若干列车晚点影响（表6-1）。通过模型求解获得列车运行调整结果（图6-1、图6-2），虚线为调整后的运行线。

初始晚点情况表　　　　　　　　　　　　　　　　　　表6-1

晚点车次	晚点发生车站	晚点类型	晚点时间
G1	廊坊	到达晚点	10 min
G107	天津南	到达晚点	10 min
G121	天津南	到达晚点	10 min
G41	沧州西	到达晚点	10 min

上述案例结果：从图6-1和图6-2可得各调整的车次的晚点在减小，表明上述基于事件-活动的列车运行调整模型和基于粒子群的列车运行调整算法是正确有效的。

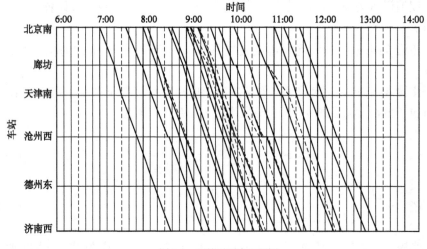

图 6-1 调整后列车运行图

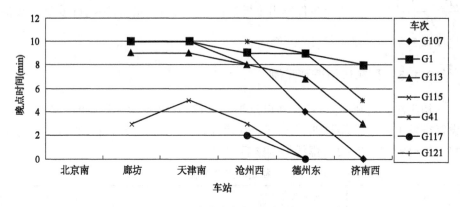

图 6-2 各车次在车站晚点分析

6.2 列车运行径路与运行图调整一体化优化

高速铁路列车在运行中往往会受到天气、设施设备故障、异物进入铁路限界范围等影响,出现一些突发的非正常事件,不能正常运行,实绩列车运行图偏离原图。如果非正常事件的影响范围较大,难以在较短时间内处理完毕,就会导致线路行车中断。当某区段行车完全中断后,原定经过该区段的列车不能继续运行,将会导致列车的大面积延误,进而导致列车在后方车站和区间积压,部分列车被迫取消,对旅客的出行产生很大影响。同时,由于行车中断,机车、车辆、乘

第6章 基于数据驱动的非正常事件下列车调度优化方法

务组等活动资源的周转出现困难。如果非正常事件产生的线路中断行车不能迅速解决,其影响将通过列车的延误迅速传播至整个路网,使线路在非正常事件结束后的很长一段时间内运输秩序难以恢复正常。

面对非正常事件发生的情况,列车调度员可能会取消列车车次,以减少列车和旅客的积压,旅客可以选择其他运输方式出行,为运输秩序的迅速恢复创造条件。但是,如果全部取消受影响的列车车次,铁路的收益将会严重受损,长途出行的旅客在途中改变旅行计划存在一定困难,为此铁路可以选择在折损部分服务质量(如降低服务频率)的同时,尽可能保证运输服务。而保证运输服务的重要措施之一,是组织列车经由迂回径路运行。通过组织列车迂回运行,绕开行车中断的区段,虽然会增加旅行时间,加大运输调度的难度,但是可以在最大程度上保证运输服务的可达性,使旅客,特别是当发生非正常事件时已经在旅行途中的旅客到达目的地。同时,采取措施保持列车运行可以保证车底周转的秩序,使后续因车底不足取消的列车尽可能减少。

组织列车迂回运行需要满足一定的技术条件。首先,要保证列车存在可以迂回的径路,同时在可能的迂回径路上运行,如电气化、信号制式兼容性、牵引定数、到发线有效长等。此外,迂回径路要提供能够的通过能力。在旅客服务上,列车采用迂回径路运行可能使部分的旅客错过上、下车车站,为此需要做好旅客组织。对于列车运行调度而言,在组织列车迂回运行时,需要考虑以下问题:

(1)哪些列车可以采用迂回径路运行?
(2)选择什么迂回径路运行?
(3)如何组织迂回径路上的列车?
(4)当部分列车无法采用迂回径路运行时,是否可以取消或采用部分取消的方式组织?
(5)如何保证在非正常事件结束后,能尽快恢复运营秩序?

这些实际问题促使我们提出并研究非正常事件下高速铁路列车运行径路与运行图调整一体化优化问题。我们通过分析非正常事件发生条件下列车运行调整的实际场景,构建数学优化模型,求解得到最优的列车运行径路调整方案,以及对应的调整后的列车运行图。该方法可以为非正常事件下的列车运行调整提供决策支持。

6.2.1 问题分析

当铁路的某个区间发生非正常事件(如轨道电路分路不良产生"红光带"、

列车在区间因故停车、异物侵入建筑限界、接触网跳闸停电)时,区间封锁,列车不能进入。此时,列车在区间两端的车站停车等待。由于车站的到发线数量有限,无法将所有后续列车都接入。因此,当预计中断行车的时间较长时,调度员会安排线路上运行的列车就近停车。当确定非正常事件性质、通车预期时间基本确定时,开始采取组织措施。

(1)非正常事件下列车运行调整的常用策略。

①就近停车,等待恢复行车。

当非正常事件发生时,列车调度员在初步了解非正常事件发生的原因后,会初步预判非正常事件发生的性质,估计非正常事件的持续时间。当估计结果比较乐观时,会组织列车在就近的前方车站停车,等待非正常事件结束线路开通。该策略是在非正常事件发生后最简单的列车运行组织策略。采取在前方站扣停列车的方法,可以避免大量的列车进入发生非正常事件的区间,为非正常事件的处理(如组织救援列车开行,组织调车机车将发生故障的动车组回送至附近车站)提供良好的条件。同时,也可以避免列车在车站外停车造成的客流组织不便及安全隐患。采取这种调度策略,在非正常事件不太严重、持续时间较短时,能够在非正常事件处理完毕后尽快恢复正常行车,为恢复"按图行车"提供了较好的条件。但是,当非正常事件持续时间较长时,仅采取就近停车等待的策略,容易因为部分车站的到发线数量不足而产生能力利用紧张问题,部分始发列车无法正常发出。当积压的列车过多,非正常事件结束后,运输秩序的恢复时间较长。

②取消列车车次。

当非正常事件持续时间较长时,对于尚未始发的列车,取消列车车次的策略可以减少旅客在车站的积压,缓解车站客流组织压力。同时,取消列车车次相当于从运行图中"抽出"部分运行线,形成运行线间的"缓冲区",用于吸收非正常事件产生的晚点,有助于列车运行调整,减少连带晚点,使非正常事件结束后的列车运行秩序尽快恢复。但是对于已经在运行途中的列车,采取取消列车车次的策略会产生一系列的问题。例如,途中取消的动车组和乘务组如何安排返回,如何为列车上的旅客安排后续行程。同时,取消列车车次会影响动车组、乘务组等移动资源的正常周转秩序,会导致其所在的动车组、乘务组交路上的列车车次连带被取消,产生的影响较大。

③按单线区间闭塞方式组织列车运行。

在非正常事件发生期间,如果该事件只影响双线区间的1个方向,而双线区段具备反向行车条件,可以组织列车按单线人工闭塞方式反向运行。这种措施可以尽可能保持一定的区段的通过能力,对全路网运输能力的影响较小。对于持续时间较短的非正常事件,该措施切实可行。但是对于持续时间较长的非正常事件,在行车密度较高的区间,很可能会导致两端的列车积压,需要配合其他策略才能实现较好的效果。同时,在区间正线的1个方向组织列车运行,可能影响正线另1个方向上正在处理非正常事件的工作人员的作业安全,应谨慎采用。

④缩短列车运行区段。

当非正常事件发生在某一个区间,除了该区间外,线路的其他部分保持畅通,则可以安排运行径路不跨越该区间的列车正常运行。对于运行径路跨越该区间的列车,可以考虑缩短列车的运行径路(如改变列车的起点或终点),以避开非正常事件发生的区间。采取缩短列车运行区段的措施可以使畅通的区段正常行车,保证这些区间的断面通过能力,尽可能减少对旅客的影响。采取缩短列车运行区段的措施组织列车运行,尤其对动车组周转提出了很高的要求。首先,列车新的始发、终到车站需要具备折返条件(如必要的渡线、足够的到发线、满足条件的整备设备)。同时,上、下行列车的缩短运行区段的措施需要相互配合,保证重新勾画的动车组交路的可行性。对于因为列车运行区段改变而无法出行的旅客,需要做好解释工作,以避免出现旅客漏乘、错乘。

⑤经由迂回径路运行。

当某些区间发生非正常事件后,部分列车无法按照既定的径路运行,但是如果这些列车存在可以替代的迂回径路,绕开发生非正常事件的区段,到达目的地,则列车调度员可以考虑改变列车运行径路的方式,组织列车迂回运行。采取列车迂回径路运行的方式,可以在非正常事件发生后,尽可能维持列车服务,减少对旅客出行的影响。对于旅客列车而言,采取经由迂回径路运行的调度策略,虽然可以尽可能提高非正常事件发生情况下的运输能力,但是由于迂回径路往往比正常径路长,列车经由迂回径路运行会产生不同程度的晚点。同时,这些改变运行径路的列车加入迂回径路后,会对迂回径路上原本正常运行的列车产生干扰,进而产生连带晚点。

非正常事件下列车运行调整策略如图6-3a)所示。图6-3a)为正常情况下的运行图;图6-3b)为当非正常事件发生后,原计划通过封锁区间的列车悉数取消;图6-3c)为原计划通过封锁区间的列车缩短运行区段,并通过灵活安排动车组接续保证动车组交路的可行性;图6-3d)为当径路1发生非正常事件后,部分经由径路1运行的列车迂回至径路2运行。实际上,列车调度员往往会根据非正常事件发生的性质,综合运用上述几种策略,目标是尽可能保证运输,减少旅客的不方便,同时在恢复期尽快恢复运输秩序。

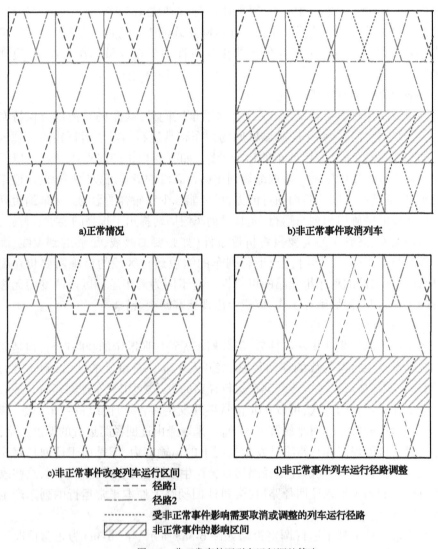

图 6-3　非正常事件下列车运行调整策略

(2)采用列车迂回策略需要考虑的问题。

在考虑采用列车迂回策略时,需要考虑以下条件限制:

①列车迂回运行的技术条件。安排动车组旅客列车经由迂回径路运行,需

第6章 基于数据驱动的非正常事件下列车调度优化方法

要考虑迂回的径路的线路、信号等设备条件与动车组列车是否兼容。技术条件包括线路(如轨距、牵引定数)、信号制式、牵引制式等。

②迂回列车与正常运行列车的相互干扰。当非正常事件发生时,有大量的列车无法通过事发区间,存在经由迂回径路运行的需求。为此,安排列车经由迂回径路运行,需要考虑迂回线路和车站是否能够提供相应的通过能力。当迂回径路的通过能力不能完全满足时,需要在所有的存在经由迂回径路运行需求的列车中做出取舍,有限选择对旅客影响较大的列车安排迂回。当安排部分列车经由迂回径路运行时,改变运行径路的列车运行线临时插入既有的运行图中,可能对原本正常运行的列车产生干扰,为此需要权衡原有正常运行的列车和迂回晚点的列车。

③旅客因列车迂回受到的影响。当列车改变运行路径、经由迂回径路运行时,原有路径上的部分停站被迫取消,原本经这些车站上、下车的旅客会因此无法正常乘降。此时,需要安排因停站改变而不能下车的旅客提前下车,同时需要疏导因停站改变不能上车的旅客乘坐其他车次或选乘其他交通工具。

④列车迂回与取消带来的动车组周转问题。当列车经由迂回径路运行时,列车的旅行时间很可能比图定旅行时间长,由此可能产生司机超劳、动车组运行距离和时间超过修程修制的要求等问题,需要列车调度员充分考虑并妥善解决。同时,还需要考虑列车晚点到达对后续动车组、乘务组周转产生的不利影响。

6.2.2 模型构建

从以上分析可以看出,关于非正常事件下的列车运行调整问题与经典的列车运行图优化问题存在紧密关联。列车运行调整问题与列车运行图优化问题的基本约束条件非常相似,均用于刻画列车在区间的运行秩序,与经典的列车运行图问题的区别主要集中于目标函数。为了解决非正常事件下的列车运行径路调整问题,采用经典的列车运行建模方法,构建混合整数规划模型[1]。在列车运行径路刻画方面,模型为列车定义了可选径路集合,并使用0-1变量表示列车对径路的选择;在列车运行时刻表的刻画方面,该模型使用析取规划(disjunctive programming)的形式,使用一对0-1变量表示列车在区间的前后行顺序,从而刻画列车的运行过程。

(1)符号说明。

模型中使用的数学符号说明如表6-2所示。

符 号 说 明　　　　　　表 6-2

数学符号	含　义
集合及其元素	
s, S	车站与车站集合，$s \in S$
k, K	区间与区间集合（每个 k 只表示 1 个方向，双线区间由 2 个方向不同的区间 k 组成），$k \in K$
$s^+(k), s^-(k)$	区间 k（指定方向）的前方车站与后方车站
r, R	列车径路与列车径路集合，$r \in R$
K_r	列车径路集合 r 上的区间集合
f	列车
$\overline{r}_f$	列车 f 的图定运行径路
R_f	列车 f 的可行径路集合（该集合包含列车的图定运行径路 $\overline{r}_f$）
$p \in P$	旅客与旅客集合，$p \in P$
f_p	旅客 p 乘坐的列车
R^p	可以实现旅客 p 出行的列车径路
S^p	旅客 p 可以接受的下车站集合
u, U	由于非正常事件导致的行车中断与由于非正常事件导致的行车中断的集合，$u \in U$
k_u	行车中断 u 发生的区间
参数	
H_k	区间 k 的最小列车追踪间隔时间
T_f^k	列车 f 在区间 k 的运行时分
$W_f^{k,k'}$	列车 f 在区间 k 和区间 k' 之间的车站的最小停站时间
$g_r(k, k')$	指示区间毗邻关系的常量：取值为 1 时，表示区间 k' 是区间 k 的下一个区间，反之取值为 0
θ_f	指示列车是否允许取消的常量：取值为 1 时，表示列车 f 允许取消；取值为 0 时反之
$\overline{e}_f^k, \overline{l}_f^k$	列车 f 计划进入/离开区间 k 的时刻
β_f	列车 f 的最大允许延误时间
a_p	旅客 p 的计划到达目的地时间
ϕ_p	旅客 p 因列车取消而被迫取消行程（或改变交通方式）的惩罚值
tS_u, tE_u	行车中断 u 的预计开始和结束时间

续上表

数学符号	含 义
决策变量	
d_p	旅客 p 的延误时间（连续变量）
x_f^r	列车径路选择变量（0-1 变量）：取值为 1，表示列车 f 选择径路 r 运行；反之取值为 0
e_f^k, l_f^k	列车 f 实际进入/离开区间 k 的时刻（连续变量）
b_f^u	列车通过与非正常事件发生的顺序变量（0-1 变量）：取值为 1，表示列车 f 在非正常事件 u 发生前通过区间 k_u；反之取值为 0
$y_{f,f'}^k$	列车运行顺序变量（0-1 变量）：取值为 1，表示列车 f 先于列车 f' 通过区间 k；反之取值为 0

(2) 目标函数。

模型的目标函数式表示令在非正常事件发生后，通过列车运行径路和运行图调整，使乘客的总延误最小。如果某些旅客原来乘坐的列车被迫取消，或原来乘坐的列车因为改变了运行径路，而不能够服务于该乘客，那么该乘客的"延误时间"将按指定的惩罚值 φ_p 计算。该惩罚值由铁路运输企业评估乘客流失造成的代价确定，可以将其设为乘客改变交通方式（如放弃铁路运输而选择公路运输）产生的额外旅行时间。

$$\min \sum_p d_p \tag{6-19}$$

(3) 约束条件。

式(6-20)为列车径路选择约束。对于列车 f 而言，其可以从列车可行径路集合 R_f 中任选一条径路，也可以不选择任何径路（表示列车取消）。

$$\sum_{r \in R_f} x_f^r \leq 1 \qquad \forall f \tag{6-20}$$

式(6-21)为列车区间运行时间约束。列车 f 在区间 k 的运行时间使用列车离开区间时刻与列车进入区间时刻之差表示，等于区间运行时间标准 T_f^k。

$$l_f^k - e_f^k = T_f^k \qquad \forall f, r \in R_f, k \in K_r \tag{6-21}$$

式(6-22)为列车在站停留时间约束。列车 f 在区间 k 与区间 k' 之间的车站的停留时间，使用列车进入区间 k' 的时刻和列车离开区间 k 的时刻之差表示。当列车选择的径路 r 中包含区间 k 与区间 k' 时，列车在该车站的停站时间大于或等于计划停站时间；当列车选择的径路 r 中不包含区间 k 与区间 k' 时，列车在该车站的停站时间为 0。

$$e_f^{k'} - l_f^k \geq W_f^{k',k} \times x_f^r \qquad \forall f, r \in R_f, k, k' \in K_r : g_r(k,k') = 1 \tag{6-22}$$

式(6-23)为列车在区间的运行顺序约束。0-变量 $y_{f,f'}^k$ 指示列车 f 与列车 f' 谁先通过区间 k，因而一对相互关联的变量 $y_{f,f'}^k$ 与 $y_{f',f}^k$ 之和为1。该变量的取值将与"大 M"一同在式(6-24)和式(6-25)中，决定哪些追踪间隔约束生效。

$$y_{f,f'}^k + y_{f',f}^k = 1 \quad \forall k \in K, f, f' \tag{6-23}$$

式(6-24)与式(6-25)为列车的出发与到达追踪间隔约束。追踪间隔仅在以下2个条件同时成立的条件下生效。①列车 f 先于列车 f' 进入区间 k，即 $y_{f,f'}^k = 1$；②列车 f 与列车 f' 所选择的径路均包含区间 k，即同时满足 $\sum_{r \in R_f; k \in K_r} x_f^r = 1$ 和 $\sum_{r' \in R_{f'}; k \in K_{r'}} x_{f'}^{r'} = 1$。在追踪间隔约束中，当这两个条件同时满足时，不等式左侧含"大 M"的项将被消除，剩余的项表示追踪间隔约束。如果上述条件有任何一个不满足，不等式左侧含"大 M"的项为一个很大的正数，使得不等式恒成立，即该约束条件不生效。

$$(3 - y_{f,f'}^k - \sum_{r \in R_f; k \in K_r} x_f^r - \sum_{r' \in R_{f'}; k \in K_{r'}} x_{f'}^{r'}) \times M + e_f^k - e_{f'}^k \geq H_k \quad \forall k \in K, f, f' \tag{6-24}$$

$$(3 - y_{f,f'}^k - \sum_{r \in R_f; k \in K_r} x_f^r - \sum_{r' \in R_{f'}; k \in K_{r'}} x_{f'}^{r'}) \times M + l_f^k - l_{f'}^k \geq H_k \quad \forall k \in K, f, f' \tag{6-25}$$

式(6-26)和式(6-27)为旅客延误约束。2个约束等价于1个附加条件判断的等式约束。当旅客 p 所乘坐的列车 f_p 选择了径路 r 时，该旅客的延误时间等于列车实际到达旅客目的地车站的时刻与旅客计划到达目的地时间之差，即当 $x_{f_p}^r = 1$ 时，约束 $d_p = l_{f_p}^k - a_p$。当旅客 p 所乘坐的列车 f_p 没有选择径路 r 时，该约束不生效。注意到区间 k 的后方站须为旅客可以接受的下车站集合。

$$d_p + (1 - x_{f_p}^r) \times M \geq l_{f_p}^k - a_p \quad \forall p, r \in R^p, k \in K_r : s^-(k) \in S^p \tag{6-26}$$

$$d_p - (1 - x_{f_p}^r) \times M \leq l_{f_p}^k - a_p \quad \forall p, r \in R^p, k \in K_r : s^-(k) \in S^p \tag{6-27}$$

式(6-28)为旅客取消行程的惩罚约束。如果某位旅客所乘坐的列车被取消，或者该列车重新选择的径路不能满足旅客的出行需要，即 $\sum_{r \in R^p} x_{f_p}^r = 0$，那么旅客的延误时间将设为对应的惩罚值 φ_p。由于目标函数为令旅客总延误时间(或惩罚值)最小，此处使用不等式即可实现对旅客取消行程的惩罚。

$$d_p \geq (1 - \sum_{r \in R^p} x_{f_p}^r) \times \varphi_p \quad \forall p \tag{6-28}$$

式(6-29)和式(6-30)为非正常事件与列车运行的关系约束。当列车 f 选择的径路 r 包含区间 k_u 时，如果该列车在非正常事件 u 发生后才通过区间 k_u，那么列车 f 进入区间 k_u 的时间应不早于非正常事件的结束时间。反之，列车 f 离

开区间 k_u 的时间应不晚于该非正常事件的开始时间。

$$e_f^{k_u} + (1 + b_f^u - \sum_{r \in R_f: k_u \in K_r} x_f^r) \times M \geq tE_u \qquad \forall u, f \qquad (6\text{-}29)$$

$$l_f^{k_u} \leq (2 - b_f^u - \sum_{r \in R_f: k_u \in K_r} x_f^r) \times M + tS_u \qquad \forall u, f \qquad (6\text{-}30)$$

式(6-31)和(6-32)为列车最大延误时间约束。式(6-31)表示列车 f 实际离开区间 k 的时刻(即列车在 k 区间前方车站的到达时刻)与计划离开区间 k 的时刻之差应小于或等于列车最大延误时间 β_f。同时,列车 f 实际进入区间 k 的时刻(即列车在 k 区间后方车站的出发时刻)应大于或等于列车计划进入区间 k 的时刻。

$$l_f^k - \overline{l_f^k} \leq \beta_f \qquad \forall f, r \in R_f, k \in K_r \qquad (6\text{-}31)$$

$$e_f^k \geq \overline{e_f^k} \qquad \forall f, r \in R_f, k \in K_r \qquad (6\text{-}32)$$

式(6-33)为列车取消约束。如果列车 f 为不允许取消的列车,其必须在可以选择的径路中选择 1 条。

$$\sum_{r \in R_f} x_f^r = 1 \qquad \forall f: \theta_f = 0 \qquad (6\text{-}33)$$

该模型为一个混合整数规划模型,模型的约束条件、变量数量取决于路网的范围(如车站、区间的数量)、研究范围内的列车数量、列车可选径路数量以及列车最大允许延误时间等因素。在问题规模不大时,可以直接利用整数规划求解器求解。当问题规模较大时,整数规划求解器可能无法在可以接受的计算时间内得到最优解,需要另外设计启发式算法,在较短的时间内求解模型的较优解。

同时,为了考虑车底周转的可行性,在求解完成上述模型,得到列车径路调整后的运行图之后,需要使用算法判别当前列车运行图是否能够满足车底周转的要求。我们使用一个"先到先服务"的策略,为列车运行线勾画车底周转图,再将没有车底供应的运行线从运行图上删去,从而保证得到的列车径路调整后的运行图满足车底的周转约束。

6.2.3 案例分析

(1) 案例介绍。

利用瑞士铁路苏黎世枢纽的案例,验证突发事件下列车运行径路调整模型的可行性。苏黎世铁路枢纽示意图如图 6-4 所示。苏黎世铁路枢纽由多个车站和多条线路构成。其中,苏黎世主车站为铁路枢纽中心,与之毗邻的车站有阿尔特施泰滕站、哈德布鲁克站、维普金根站、厄立孔站、施塔德尔霍芬站和威德康站。苏黎世主车站包含 4 个车场,其中地面车场(3~18 站台)为尽端式车场,地下的 3 个车场分别为 2 号车场(21、22 站台,由于与本章研究内容无关,故图中不再列出)、3号车场(31~34站台)和4号车场(41~44站台)。

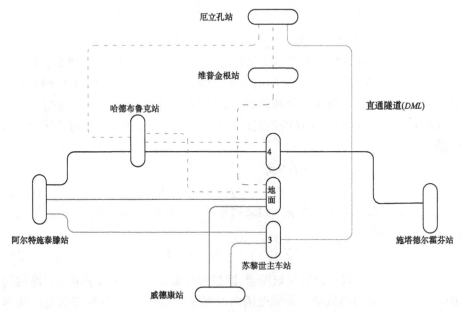

图6-4 苏黎世铁路枢纽示意图(3和4表示车场)

苏黎世主车站至厄立孔站存在3条可行的列车运行径路。

径路①:厄立孔站—哈德布鲁克站—苏黎世主车站4号车场。该径路上平日运行市域列车(S-Bahn)为主。

径路②:厄立孔站—维普金根站—苏黎世主车站地面车场。该径路上平日运行长途列车为主,仅有1列市域列车经由此径路。

径路③:厄立孔站经由直通隧道,直达苏黎世主车站3号车场。该径路上平日长途列车和市域列车混跑。

当其中任意径路因非正常事件中断行车时,该线路上的列车可以通过调整运行径路的方式,迂回至其他径路运行。例如,当径路②发生非正常事件中断时,原本经由威德康站接入苏黎世主车站地面车场,再经由径路②运行至厄立孔站的列车,可以经由威德康站接入苏黎世主车站3号车场,再经由径路③到达厄立孔站。

以此路网为案例进行试验,假设径路①和径路②同时在晚高峰16:00—19:00因非正常事件中断运行。在此情况下,规定长途列车(IC,IR,RE)可以选择改变运行径路,而市域列车(S-Bahn)只能选择取消或缩短运行区间的方式。在一台CPU为Intel Core i7-7700、内存大小为16 GB的台式计算机上,使用Python语言调用 Gurobi 工具求解上述数学模型。

(2) 结果分析。

经过计算，运行径路调整后各径路运行列车的情况如表 6-3 所示。由表 6-3 可知，不同的列车运行调整策略对列车运行产生的影响不同。当不采用调整列车运行径路策略，且仅允许完全取消列车时，发生非正常事件的径路①和径路②上的列车悉数被取消，如果允许列车缩短运行进路，径路①上的绝大部分列车（大部分为市域列车）均选择缩短运行径路而非取消的方式，尽可能保证非正常事件区间以外的线路运行；而径路②上由于运行的大部分为长途列车，动车组接续的调整比较困难，因此大部分列车（大部分为长途列车）被取消；径路③由于没有发生非正常事件，列车运行不受影响。

采用不同运行方式时刻表中列车延误情况（单位：%） 表 6-3

列车径路调整策略	列车取消策略	径路①			径路②			径路③	
		取消列车比例	缩短列车运行径路列车比例	延误列车比例	取消列车比例	缩短列车运行径路列车比例	延误列车比例	延误列车比例	延误列车比例
不调整列车运行径路	仅允许完全取消	100	0	0	100	0	0	0	0
	允许部分取消	1.5	98.5	0	62.2	37.8	0	0	0
调整列车运行径路	仅允许完全取消	95.6	0	4.4	35.1	0	59.5	5.4	100
	允许部分取消	1.5	94.1	4.4	2.7	32.4	59.5	5.4	100

当采用调整运行径路的策略，且仅允许完全取消列车时，径路①上的大部分列车仍然选择取消而非选择迂回，这是因为径路①上的苏黎世站 4 号车场没有与径路③直接连通的条件，如果选择迂回运行，需要安排列车行进至阿尔特施泰滕站换向，对旅客的出行较为不利。径路②上有超过半数的列车选择经由径路③迂回运行，受此影响，径路③上原本正常运行的列车均发生晚点，但平均晚点的时间为 3.3 min。允许列车缩短运行径路的条件下，结果与之类似。

6.3 小 结

本章主要梳理了动车组列车运行中出现故障、动车组列车在区间被迫停车、道岔故障、站内轨道电路故障红光带等常见场景下的高速铁路列车运行调整策略。结合非正常事件影响特征,构建了基于事件-活动图的列车运行调整模型,并以实例验证模型和算法的有效性。其次,建立了非正常事件下列车运行径路调整数学优化模型,求解得到优化后的列车运行径路方案及对应的列车运行图。案例结果表明:采用调整列车运行径路的方式,在列车的迂回径路通畅的情况下,可以取得较好的效果,可以减少取消列车给旅客出行带来的不便。而采用缩短列车运行径路的策略,可以使发生非正常事件区段以外的线路通过能力得到最大程度的保持,但有赖于合理安排动车组、乘务组等活动资源的周转。

附　录

缩略语对照表　　　　　　　　　　　附表1-1

序号	缩写	英文全称	中文含义
1	BO	BayesianOptimization	贝叶斯优化
2	XGBoost	EXtreme Gradient Boosting	极端梯度提升树
3	ANN	Artificial Neural Network	人工神经网络
4	KNN	K-Nearest Neighbor	K-近邻
5	SVR	Support Vector Regression	支持向量回归
6	DELM	Deep Extreme Learning Machine	深度极限学习机
7	GBDT	Gradient Boosting Decision Tree	梯度提升树
8	RF	Random Forest	随机森林
9	FCNN	Fully Connected Neural Network	全连接神经网络
10	LSTM	Long Short-Term Memory	长短期记忆人工神经网络
11	UIC	International Union of Railways	国际铁路联盟
12	NP-C	Non-deterministic Polynomial Complete	NP完全问题
13	ATP	AutomaticTrain Protection	列车自动保护系统
14	CTC	Centralized Traffic Control System	调度集中控制系统
15	GP	Gaussian Process	高斯过程
16	AC	Acquisition Function	提取函数
17	CV	Cross-Validation	交叉验证
18	RMSE	Root Mean Squared Error	均方根误差
19	MDA	Mean Decrease in Accuracy	平均精度下降率
20	W-G	Wuhan-GuangzhouHigh-Speed Railway Line	武广高铁线
21	X-S	Xiamen-Shenzhen High-Speed Railway Line	厦深高铁线
22	R^2	coefficient of determination	决定系数
23	MAE	Mean Absolute Error	平均绝对误差
24	GS	Grid Search	网格搜索
25	RS	Random Search	随机搜索
26	WSRT	Wilcoxon Signed Rank Test	威尔科克森符号秩检验
27	FT	Friedman Test	弗里德曼检验

参 考 文 献

[1] Meester L E, Muns S. Stochastic delay propagation in railway networks and phase-type distributions[J]. Transportation Research Part B: Methodological, 2007,41(2):218-230.

[2] Büker T, Seybold B. Stochastic modelling of delay propagation in large networks[J]. Journal of Rail Transport Planning & Management, 2012,2(1-2): 34-50.

[3] Kecman P, Goverde R M P. Online Data-Driven Adaptive Prediction of Train Event Times[J]. IEEE Transactions on Intelligent Transportation Systems, 2015,16(1):465-474.

[4] Milinković S, Marković M, Vesković S, et al. A fuzzy Petri net model to estimate train delays[J]. Simulation Modelling Practice & Theory, 2013, 33: 144-157.

[5] 彭其渊,朱松年,王培. 网络列车运行图的数学模型及算法研究[J]. 铁道学报, 2001(01):1-8.

[6] 孙焰,季令,张国宝. 双线区段通过能力及相关因素分析[J]. 铁道学报, 2001(2):1-7.

[7] 殷勇,刘杰,刘庆. 基于SIR模型车站晚点传播仿真研究[J]. 综合运输, 2017,039(7):60-65.

[8] 杨肇夏,胡安洲,李菊,等. 列车晚点传播模拟系统[J]. 铁道学报, 1995(02):17-24.

[9] 张星臣,杨浩,胡思继,等. 京沪高速铁路高中速列车共线混行模式下中速列车晚点影响的仿真分析[J]. 铁道学报, 1998(5):2-9.

[10] 周华亮,高自友,李克平. 准移动闭塞系统的元胞自动机模型及列车延迟传播规律的研究[J]. 物理学报, 2006(4):1706-1710.

[11] 文超,彭其渊,陈芋宏. 高速铁路列车运行冲突机理[J]. 交通运输工程学报, 2012(2):119-126.

[12] Keiji K, Naohiko H, Shigeru M. Simulation analysis of train operation to recover knock-on delay under high-frequency intervals[J]. Case Studies on Transport Policy, 2015,3(1):92-98.

[13] 曾壹. 基于过程挖掘技术的列车调度区段扰动控制方法研究[D]. 北京:

中国铁道科学研究院, 2019.

[14] Yaghini M, Khoshraftar M M, Seyedabadi M. Predicting passenger train delays using neural network[J]. Journal of Transportation Research, 2010,7(3(24))：291-303.

[15] Yaghini M, Khoshraftar M M, Seyedabadi M. Railway passenger train delay prediction via neural network model[J]. Journal of Advanced Transportation, 2013,47(3)：355-368.

[16] Pongnumkul S, Pechprasarn T, Kunaseth N, et al. Improving arrival time prediction of Thailand's passenger trains using historical travel times[C]// International Joint Conference on Computer Science & Software Engineering. IEEE, 2014.

[17] Marković N, Milinković S, Tikhonov K S, et al. Analyzing passenger train arrival delays with support vector regression[J]. Transportation Research Part C：Emerging Technologies, 2015,56：251-262.

[18] Barbour W, Mori J C M, Kuppa S, et al. Prediction of arrival times of freight traffic on US railroads using support vector regression[J]. Transportation Research Part C：Emerging Technologies, 2018,93：211-227.

[19] Corman F, Kecman P. Stochastic prediction of train delays in real-time using Bayesian networks[J]. Transportation Research Part C：Emerging Technologies, 2018,95(OCT.)：599-615.

[20] Oneto L, Fumeo E, Clerico G, et al. Dynamic Delay Predictions for Large-Scale Railway Networks：Deep and Shallow Extreme Learning Machines Tuned via Thresholdout[J]. IEEE Transactions on Systems, Man, and Cybernetics：Systems, 2017,47(10)：2754-2767.

[21] Shi R, Wang J, Xu X, et al. Arrival Train Delays Prediction Based on Gradient Boosting Regression Tress[M]. International Conference on Electrical and Information Technologies for Rail Transportation, EITRT 2019-Rail Transportation Information Processing and Operational Management Technologies. Singapore：Springer Singapore, 2020：307-315.

[22] Nabian M A, Alemazkoor N, Meidani H. Predicting Near-Term Train Schedule Performance and Delay Using Bi-Level Random Forests[J]. Transportation Research Record Journal of the Transportation Research Board, 2019,2673(5)：564-573.

[23] Nair R, Hoang T L, Laumanns M, et al. An ensemble prediction model for train delays[J]. Transportation Research Part C: Emerging Technologies, 2019,104:196-209.

[24] Huang P, Wen C, Fu L, et al. Modeling train operation as sequences: A study of delay prediction with operation and weather data[J]. Transportation Research Part E: Logistics and Transportation Review, 2020,141:102022.

[25] Burdett R L, Kozan E. Techniques for absolute capacity determination in railways[J]. Transp. Res. Part B Methodol. , 2006, 40: 616-632.

[26] Goverde R M P, Corman F, D'Ariano A. Railway line capacity consumption of different railway signalling systems under scheduled and disturbed conditions [J]. J. Rail Transp. Plan. Manag. , 2013, 3: 78-94.

[27] Ortega Riejos F A, Barrena E, Canca Ortiz J D, et al. Analyzing the theoretical capacity of railway networks with a radial-backbone topology[J]. Transp. Res. Part A Policy Pract. , 2016, 84: 83-92.

[28] Gašparík J, Abramovic̆ B, Halás M. New Graphical Approach to Railway Infrastructure Capacity Analysis[J]. PROMET-Traffic&Transportation, 2015, 27: 283-290.

[29] Lindner T. Applicability of the analytical UIC Code 406 compression method for evaluating line and station capacity. [J] J. Rail Transp. Plan. Manag. , 2011, 1: 49-57.

[30] Bevrani B, Burdett R L, Yarlagadda P K. D. V. A case study of the Iranian national railway and its absolute capacity expansion using analytical models [J]. Transport, 2017, 32: 398-414.

[31] 刘敏. 高速铁路车站通过能力计算和评估[J]. 铁道学报, 2012.4, 34(4): 9-15.

[32] Hansen I A. Station capacity and stability of train operation[M]. Publication of: WIT.

[33] Zhang X, Nie L. Integrating capacity analysis with high-speed railway timetabling: A minimum cycle time calculation model with flexible overtaking constraints and intelligent enumeration[J]. Transp. Res. Part C Emerg. Technol. , 2016, 68: 509-531.

[34] Ursani Z, Mei T X, Whiteing A. A fault tolerance approach for railway scheduling and train control[J]. Transp. Res. Part B Methodol. , 2013, 56: 161-

173.

[35] Petering M. E. H, Heydar M, Bergmann D R. Mixed-integer programming for railway capacity analysis and cyclic, combined train timetabling and platforming[J]. Transp. Sci., 2016, 50: 892-909.

[36] Heydar M, Petering M E. H, Bergmann, D. R. Mixed integer programming for minimizing the period of a cyclic railway timetable for a single track with two train types[J]. Comput. Ind. Eng., 2013, 66: 171-185.

[37] Weik N, Nießen N. A quasi-birth-and-death process approach for integrated capacity and reliability modeling of railway systems[J]. J. Rail Transp. Plan. Manag., 2017, 7: 114-126.

[38] Reinhardt L B, Pisinger D, Lusby R. Railway capacity and expansion analysis using time discretized paths [J]. Flex. Serv. Manuf. J., 2018, 30: 712-739.

[39] Navarro L M, Fernandez-Cardador, Cucala A P. Fuzzy maximum capacity and occupancy time rate measurements in urban railway lines[J]. Eur. Transp. Res. Rev., 2018, 10: 1-14.

[40] Hamed Pouryousef, Psai Lautala, Thomas White. Review of Capacity Measurement Methodologies: Similaritys and Differences in the U.S. and European Railroads[C]//Annual Meeting of the Transportation research Board. 2013.

[41] Peter S. Calculation of Realistic Railway Station capacity by Platforming feasibility Checks[C]//2nd International Conference on Models and technologies for Intelligent Transportation Systems, 2011: 213-212.

[42] Dan Mark, Burkolter et al. Capacity of Railways in Station Areas Using Petri Nets[D]. Swissfederal Institute of technology Zurich, 2005.

[43] 李晓娟,韩宝明,闫振英,等.基于分区时间法的高速铁路车站通过能力计算方法[J].2019,35(04): 491-501.

[44] 钟俊.高速铁路客运站通过能力计算方法[D].成都:西南交通大学, 2012.

[45] 陈韬.高速铁路车站通过能力计算理论与方法研究[D].成都:西南交通大学, 2016.

[46] Jensen L W, Landex A, Nielsen O A, et al. Strategic assessment of capacity consumption in railway networks: Framework and model[J]. Transp. Res. Part C Emerg. Technol., 2017, 74: 126-149.

[47] Pouryousef H, Lautala P. Hybrid simulation approach for improving railway capacity and train schedules[J]. J. Rail Transp. Plan. Manag., 2015, 5: 211-224.

[48] Zhou W, Yang X, Qin J, et al. Optimizing the long-term operating plan of railway marshalling station for capacity utilization analysis[J]. Sci. World J., 2014.

[49] Zieger S, Weik N, Nießen N. The influence of buffer time distributions in delay propagation modelling of railway networks[J]. J. Rail Transp. Plan. Manag., 2018, 8: 220-232.

[50] Törnquist J, Persson J A. N-tracked railway traffic re-scheduling during disturbances[J]. Transportation Research Part B: Methodological, 2007, 41(3): 342-362.

[51] D'Ariano A, Pranzo M, Hansen I A. Conflict resolution and train speed coordination for solving real-time timetable perturbations[J]. IEEE Transactions on Intelligent Transportation Systems, 2007, 8(2): 208-222.

[52] D'Ariano A, Pranzo M. An advanced real-time train dispatching system for minimizing the propagation of delays in a dispatching area under severe disturbances[J]. Networks and Spatial Economics, 2009, 9(1): 63-84.

[53] Corman F, D'Ariano A, Hansen I A, et al. Optimal multi-class rescheduling of railway traffic[J]. Journal of Rail Transport Planning & Management, 2011, 1(1): 14-24.

[54] Louwerse I, Huisman D. Adjusting a railway timetable in case of partial or complete blockades[J]. European Journal of Operational Research, 2014, 235(3): 583-593.

[55] Meng L, Zhou X. Simultaneous train rerouting and rescheduling on an N-track network: A model reformulation with network-based cumulative flow variables[J]. Transportation Research Part B: Methodological, 2014, 67: 208-234.

[56] Wei D, Liu H, Qin Y. Modeling cascade dynamics of railway networks under inclement weather[J]. Transportation Research Part E: Logistics and Transportation Review, 2015, 80: 95-122.

[57] Binder S, Maknoon Y, Bierlaire M. The multi-objective railway timetable rescheduling problem[J]. Transportation Research Part C: Emerging Technologies, 2017, 78: 78-94.

[58] Xu P, Corman F, Peng Q, et al. A train rescheduling model integrating speed management during disruptions of high-speed traffic under a quasi-moving block system[J]. Transportation Research Part B: Methodological, 2017, 104: 638-666.

[59] Fioole P J, Kroon L, Maróti G, et al. A rolling stock circulation model for combining and splitting of passenger trains[J]. European Journal of Operational Research, 2006, 174(2): 1281-1297.

[60] Espinosa-Aranda J L, García-Ródenas R, Cadarso L, et al. Train scheduling and rolling stock assignment in high speed trains[J]. Procedia-Social and Behavioral Sciences, 2014, 160: 45-54.

[61] Veelenturf L P, Kidd M P, Cacchiani V, et al. A railway timetable rescheduling approach for handling large-scale disruptions[J]. Transportation Science, 2015, 50(3): 841-862.

[62] Lidén T, Joborn M. An optimization model for integrated planning of railway traffic and network maintenance[J]. Transportation Research Part C: Emerging Technologies, 2017, 74: 327-347.

[63] Lusby R M, Haahr J T, Larsen J, et al. A branch-and-price algorithm for railway rolling stock rescheduling[J]. Transportation Research Part B: Methodological, 2017, 99: 228-250.

[64] Tréfond S, Billionnet A, Elloumi S, et al. Optimization and simulation for robust railway rolling-stock planning[J]. Journal of Rail Transport Planning & Management, 2017, 7(1-2): 33-49.

[65] Mascis A, Pacciarelli D. Job-shop scheduling with blocking and no-wait constraints[J]. European Journal of Operational Research, 2002, 143(3): 498-517.

[66] Haahr J T, Lusby R M, Larsen J, et al. A branch-and-price framework for railway rolling stock rescheduling during disruptions[J]. DTU Management Engineering, 2014.

[67] Lusby R M, Haahr J T, Larsen J, et al. A Branch-and-Price algorithm for railway rolling stock rescheduling[J]. Transportation Research Part B: Methodological, 2017, 99: 228-250.

[68] Corman F, D'Ariano A, Pacciarelli D, et al. A tabu search algorithm for rerouting trains during rail operations[J]. Transportation Research Part B:

Methodological, 2010, 44(1): 175-192.

[69] 王忠凯, 史天运, 张惟皎, 等. 动车组运用计划和检修计划一体化编制模型及算法[J]. 中国铁道科学, 2012 (3).

[70] Mazzarello M, Ottaviani E. A traffic management system for real-time traffic optimisation in railways[J]. Transportation Research Part B: Methodological, 2007, 41(2): 246-274.

[71] Strotmann C. Railway scheduling problems and their decomposition[D]. PhD thesis, Universität Osnabrück, 2007.

[72] Wegele S, Slovák R, Schnieder E, et al. Real-time decision support for optimal dispatching of train operation[C]//Proceedings of the 2nd international seminar on railway operations modelling and analysis, Hannover, Germany. 2007.

[73] Almodóvar M, García-Ródenas R. On-line reschedule optimization for passenger railways in case of emergencies[J]. Computers & Operations Research, 2013, 40(3): 725-736.

[74] Lusby R M, Larsen J, Ehrgott M, et al. A set packing inspired method for real-time junction train routing[J]. Computers & Operations Research, 2013, 40(3): 713-724.

[75] Yao Y. A Petri net model for temporal knowledge representation and reasoning [J]. IEEE Transactions on Systems, Man, and Cybernetics, 1994, 24(9): 1374-1382.

[76] Goverde R M P. A delay propagation algorithm for large-scale railway traffic networks[J]. Transportation Research Part C Emerging Technologies, 2010, 18(3): 269-287.

[77] Goverde R M P. Punctuality of railway operations and timetable stability analysis[D]. Delft University of Technology, 2005.

[78] Goverde R M P. Railway timetable stability analysis using max-plus system theory[J]. Transportation Research Part B Methodological, 2007, 41(2): 179-201.

[79] 陈牛生. 浅谈旅客列车正点率的提高[J]. 消费导刊, 2008(12):246.

[80] 李红. 影响旅客列车正点率的因素[J]. 科学与财富, 2011(5):109.

[81] 杨彪. 提高高速列车正点率的对策研究[J]. 铁道运输与经济, 2012, 34(12):53-57.

[82] 于一刚. 提高徐州站旅客列车正点率的实践[J]. 上海铁道科技, 2017 (2):10-11.

[83] Mazzarello M, Ottaviani E. A traffic management system for real-time traffic optimisation in railways[J]. Transportation Research Part B Methodological, 2007,41(2):246-274.

[84] Olsson N O, Haugland H, et al. Influencing factors on train punctuality-results from some Norwegian studies[J]. Transport Policy, 2004, 11 (4): 387-397.

[85] 刘梦雨, 李建民, 石睿, 等. 高速铁路非正常事件时长分布及场景划分研究[J]. 铁道运输与经济, 2020,42(S1):105-110.

[86] 李兰波. 提高旅客列车正点率的理性认识[J]. 中国铁路, 2002(3): 26-27.

[87] 李兰波. 关于提高旅客列车正点率的思考与分析[J]. 铁道运输与经济, 2002,24(3):24-25.

[88] Weihand W. Verspätungsübertragungen in Fernverkehrsnetzen[J]. Eisenbahntechnische Rundschau (ETR), 1981,30(12):915-920.

[89] Goverde R M P. Statistical Analysis of Train Traffic: The Eindhoven Case [M]. Delft University Press, 2001.

[90] Yuan J, Hansen I A. Optimizing capacity utilization of stations by estimating knock-on train delays[J]. Transportation Research Part B Methodological, 2007,41(2):202-217.

[91] Briggs K, Beck C. Modelling train delays with q-exponential functions[J]. Physica A Statistical Mechanics & Its Applications, 2012,378(2):498-504.

[92] 袁志明. 复杂线路列车晚点控制优化策略及方法[D]. 中国铁道科学研究院, 2016.

[93] Wen C, Li Z, Lessan J, et al. Statistical investigation on train primary delay based on real records: evidence from Wuhan-Guangzhou HSR[J]. International Journal of Rail Transportation, 2017,5(3):170-189.

[94] Xu P, Corman F, Peng Q. Analyzing Railway Disruptions and Their Impact on Delayed Traffic in Chinese High-Speed Railway[J]. IFAC-PapersOnLine, 2016,49(3):84-89.

[95] 庄河, 文超, 李忠灿, 等. 基于高速列车运行实绩的致因-初始晚点时长分布模型[J]. 铁道学报, 2017,39(9):25-31.

[96] Lessan J, Fu L, Wen C, et al. Stochastic Model of Train Running Time and Arrival Delay: A Case Study of Wuhan-Guangzhou High-Speed Rail[J]. Transportation Research Record Journal of the Transportation Research Board, 2018:863081277.

[97] 崔鸿雁,徐帅,张利锋,等.机器学习中的特征选择方法研究及展望[J].北京邮电大学学报,2018,41(1):1-12.

[98] 胡思继.列车运行图编制理论与方法[M].北京:中国铁道出版社,2013.

[99] 吴海涛.非正常条件下高铁列车调度指挥人因可靠性研究[D].成都:西南交通大学,2014.

[100] 马驷,孙建康,鲁工圆.高速铁路车站列车进路分配方案的优化与调整[J].中国铁道科学,2018,39(1):122-130.

[101] 杨浩.铁路运输组织学(第四版)[M].北京:中国铁道出版社,2016.

[102] 武旭,崔艳萍,胡思继,等.高速铁路无越行区段通过能力计算方法[J].中国铁道科学,2015,36(5):110-115.

[103] 赵东,胡思继.高速铁路客流区段通过能力计算新方法研究[J].铁道学报,2018,40(9):1-6.

[104] ZHAO Dong, HU Siji. Research of New Method of Capacity Calculation for Passenger Flow Section of High-speed Railway[J]. Journal of the China Railway Society,2018,40(9):1-6.

[105] 孙晓华.基于运量结构的铁路干线通过能力计算方法研究[J].铁道学报,2016,38(12):8-13.

[106] 吕苗苗,倪少权,陈钉均.高速铁路通过能力计算方法研究[J].交通运输工程与信息学报,2016,14(1):19-24.

[107] 李海鹰,栾晓洁,孟令云,等.铁路既有线释放能力计算方法[J].中国铁道科学,2014,35(3):113-119.